UN ÉMULE DE CLÉMENT MAROT

LES POÉSIES

DE

GERMAIN COLIN

BUCHER

Angevin

Secrétaire du Grand-Maître de Malte

PUBLIÉES POUR LA PREMIÈRE FOIS, AVEC NOTICE, NOTES, TABLES ET GLOSSAIRE

PAR

M. JOSEPH DENAIS

PARIS
LIBRAIRIE LÉON TECHENER

219, RUE SAINT-HONORÉ, 219
Au coin de la rue d'Alger

MDCCCLXXXX

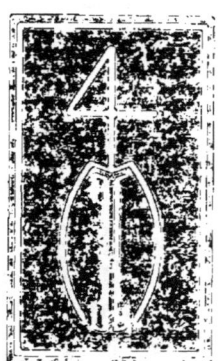

UN ÉMULE DE CLÉMENT MAROT

LES POÉSIES

DE

GERMAIN COLIN BUCHER

ANGEVIN

TIRÉ A TRÈS PETIT NOMBRE

DES PRESSES

De P. LACHÈSE et DOLBEAU, à Angers

———

Papier à la forme de Van Gelder, d'Amsterdam.

UN ÉMULE DE CLÉMENT MAROT

LES POÉSIES

DE

GERMAIN COLIN

BUCHER

Angevin

Secrétaire du Grand-Maître de Malte

PUBLIÉES POUR LA PREMIÈRE FOIS, AVEC NOTICE, NOTES, TABLES ET GLOSSAIRE

PAR

M. JOSEPH DENAIS

PARIS

LIBRAIRIE LÉON TECHENER

219, RUE SAINT-HONORÉ, 219

Au coin de la rue d'Alger

MDCCCLXXXX

UN ÉMULE DE CLÉMENT MAROT

GERMAIN COLIN BUCHER

POÈTE ANGEVIN

L'œuvre que nous venons de retrouver est digne de figurer au rang des meilleures. Pour s'en convaincre, il suffirait des témoignages autorisés d'érudits comme Lacroix du Maine, Claude Ménard, l'abbé Goujet, Jean Bouchet, Pocquet de Livonnière et La Monnoye ; il suffira surtout de lire les poésies que nous publions aujourd'hui pour la première fois, en les dédiant aux vrais amis de la bonne et belle littérature.

Il faut bien l'avouer, c'est à peine si quelques curieux connaissent aujourd'hui le poète Germain Colin Bucher.

Je n'ai même pas pu découvrir plus de deux ou trois biographes qui aient prononcé son nom dans son pays d'origine.

Là, cependant, on professe hautement le culte des ancêtres et le respect de la littérature ancienne. On y a gardé pieusement le souvenir des *Rondeaux* du roi René, des *Mystères* de Jean Michel, des *Regrets* de Joachim du Bellay, des poésies de Lazare de Baïf, de Jean Le Masle et de Charles de Bourdigné. On n'a pas oublié les vers de René Tardif, de Pierre de Tredehan, de l'évêque Jean Olivier, de Jean Avril, de Pierre Le Loyer, de Paschal Robin du Fault, de Jean Maugin le Petit Angevin, de Charles de Sainte-Marthe et de bien d'autres encore, pour ne parler que des contemporains ou des prédécesseurs des poètes de la Pléiade.

On n'a rien dit de Germain Colin Bucher.

Ce silence de l'histoire littéraire est une véritable injustice, on s'en convaincra par les vers que nous avons la bonne fortune de publier. Peut-être faut-il expliquer cet oubli des historiens, par ce fait qu'en dehors de deux épîtres à Jean Bouchet et de deux petites pièces légères, — qui ne sont pas tant s'en faut ses meilleures, — toutes les œuvres de Colin ont été perdues depuis trois siècles et demi.

Le premier écrivain qui ait nommé ce poète, est Lacroix du Maine. Dans sa *Bibliothèque françoise* [1], publiée en 1584, il signale, en deux mots, « Germain Colin, natif d'Angers, poète du temps de

---

[1] *Bibliothèque françoise*, tome Ier, p. 267 de l'édition donnée par La Monnoye.

Marot ». Sans s'apercevoir qu'il parle du même personnage, il inscrit immédiatement après, trois autres lignes au nom de « Germain Colin Bucher, » présenté comme « grand orateur et secrétaire de Messire « Philippe [de Villers] de l'Isle-Adam, grand-maître « de Malte, etc. ». Le bibliographe manceau termine en disant que « Jean Bouchet fait mention de lui aux *Annales d'Aquitaine* ».

Lacroix du Maine veut sans doute parler ici, non pas de la Chronique poitevine, les *Annales d'Aquitaine*, mais bien des *Epistres morales et familières* du même auteur, publiées à Poitiers, en 1545, et où se lisent en effet deux lettres de Colin à Jean Bouchet, l'une datée de Nice, 1529, l'autre écrite plus tard de Syracuse [1].

Ces deux épîtres sont les seules pièces de Germain Colin Bucher qui aient été, jusqu'à ce jour, publiées avec le nom du poète ; ce furent les seules citées, les seules connues vraisemblablement par Lacroix du Maine, selon la remarque de l'abbé Goujet [2].

Lenglet du Fresnoy, lorsqu'il mit au jour en 1731, sa grande édition de *Marot*, n'hésita pas cependant, sur des données que je n'ai pu contrôler, à réimprimer sous le nom de Germain Colin, deux petits contes empruntés à un recueil très rare intitulé : *Traductions du latin en françois, imitations et inventions*

---

[1] *Épistres morales et familières du Traverseur.* Poitiers, Jacques Bouchet, 1545, in-folio, ff. 44 à 46, épitres LXIV et LXVI.
[2] Goujet : *Bibliothèque françoise*, tome XI, pp. 348-350 (publié en 1747). — Voir aussi article de Weiss, dans la *Biographie Michaud*, nouvelle édition, 1854, tome VI, p. 94.

nouvelles, tant de Clément Marot que des plus excellens poètes de ce temps [1].

Un hasard heureux nous a mis entre les mains, au cours d'autres travaux, tout un précieux recueil inédit des œuvres de Germain Colin Bucher, classé sous le numéro 24,319 du fonds français, à la Bibliothèque nationale, à Paris [2].

Le volume petit in-folio, relié en veau, doré sur tranches, est composé de cent-sept feuilles de peau de vélin, écrites avec le plus grand soin en bâtarde ornée, aux initiales, de cinabre et d'azur. On distingue deux ex libris : l'un, du XVIe siècle, ne permet de lire que ces mots, *Ludovicus... possidet* ; l'autre nous apprend que ce manuscrit a fait partie de la bibliothèque des Oratoriens, au XVIIe siècle (*Oratorii Parisiensis catalogo inscriptus*). En 1795 ou 1797, le recueil est venu, avec bien d'autres, pêle-mêle, à la bibliothèque de la rue Richelieu. Il se termine par la devise de l'auteur : « *Vela que c'est.* » L'examen que j'en ai fait avec la plus grande attention me porte à lui donner la date de 1535 environ [3]. Je ne

---

[1] Petit in-8° non chiffré, de 134 pages. Paris, Estienne Groulleau, 1554. La Bibliothèque nationale ne l'a pas. L'Arsenal possède le seul exemplaire que nous ayons pu rencontrer. — Les Œuvres de Clément Marot, publiées par P. R. Auguis, en 1823, in-18, tome V, reproduisent les mêmes pièces aux pages 262-263.

[2] Le catalogue a commis la même faute que Lacroix du Maine ; il n'indique pas le vrai nom de famille du poète.

[3] La plus récente épitaphe, avec date connue, dans le manuscrit, est celle de l'abbé de Saint-Aubin, Élie de Tinténiac, mort le 26 avril 1535.

L'épitaphe de Guillaume Cadiot parle ensuite de l'évêque poète Jean Olivier, mort en 1540, sans indiquer que celui-ci

sais si c'est ce même livre que possédait un curieux de l'histoire angevine, Jacques Bruneau, sieur de Tartifume (1574-1636), l'auteur de *Philandinopolis*; mais Cl.-Gab. Pocquet de Livonnière, dans le mss. 1067 de la Bibliothèque d'Angers, p. 380, mentionne le nom de « Germain Colin », en ajoutant : « Bruneau avait ses ouvrages manuscrits. »

Il est probable d'ailleurs que des poésies d'une si grande valeur furent recueillies au XVI° siècle par plus d'un copiste.

Avec les quelques lignes citées de Lacroix du Maine, deux courtes notes de l'abbé Goujet et de la Monnoye, une citation d'ailleurs erronée du *Menagiana* et dix lignes de J.-F. Bodin [1], ce sont ces poésies qui seules nous permettent de retrouver quelques particularités de l'existence, du caractère et du talent du poète angevin [2], en dehors de deux notes

---

soit défunt, et la traduction de l'épitaphe du prélat ne figure pas dans le manuscrit, bien que la pièce originale, en vers latins, ait été composée par Jean Olivier, lui-même.

[1] *Recherches historiques sur la ville d'Angers, ses monuments et ceux du Bas-Anjou.* Édition de Saumur, 1846, p. 572. — La *Biographie de l'Anjou*, par Berthe, 1846, mss. 1069 de la Bibliothèque d'Angers, p. 11, se borne à répéter cette note de Bodin.

[2] Il est curieux de noter que le compatriote et le contemporain de Germain Colin Bucher, Charles de Bourdigné, qui « florissait à Angers en 1531 », selon l'expression de Lacroix du Maine, et qui fit paraître en 1526 *la Légende de maistre Pierre Faifeu*, ne dit pas un mot de notre poète. Il nomme dans sa « ballade aux lysans » Jehan de Meun, Villon, Ovide même et Virgile, et aussi Pierre Bourreau, Hardouyn Brahier, Cretin, Jehan Le Maire, Alain Chartier, « feu Jehan Marot » Meschinot « avecques ses lunettes », Georges Tesmoing, Du Moulinet, — mais il tait le nom de Colin Bucher, comme aussi, pour tout dire, le nom de Clément Marot.

manuscrites du xvii⁰ siècle écrites par de savants angevins, Claude Ménard et Claude-Gabriel Pocquet de Livonnière. Claude Ménard dans la partie conservée de son grand ouvrage sur l'histoire d'Anjou, le *Rerum andegavensium pandectæ*, nous dit que Germain Colin, issu d'une ancienne famille angevine, n'eut guère d'autre occupation que de cultiver les Muses, « *totum se otio dedit et Musis* » et qu'avec Marot et Sagon, dont il fut l'ami, il contribua si heureusement à la renaissance de la poésie française qu'il aurait pu voir son nom associé à celui de ces deux poètes s'il n'eût vécu trop modestement de son petit bien « *suo hillo victitans* » et s'il se fût montré plus soucieux de sa gloire [1].

Claude-Gabriel Pocquet de Livonnière, le savant professeur de l'Université d'Angers, qui fut le collaborateur de tous les érudits de son temps, des Sainte-Marthe, des Bollandistes, des Niceron, Goujet, Rivet et Carpentier, traduisit, comme il put, la note de Claude Ménard, écrivant dans le livre manuscrit consacré par lui à l'*Histoire des illustres d'Anjou de l'un et l'autre sexe et de tous les États* : « Il y a eu un Germain Collin,
« d'une illustre famille dans la robbe, dit Ménard,
« qui estoit amy de Marot, et contribua avec luy à
« rétablir la poésie, mais peu curieux de faire sa réputation il laissa ensevelir la gloire qu'il méritoit, en
« laissant périr ses ouvrages. » Le texte de Ménard,

---

[1] Claude Ménard, *Peplus, Rerum Andegavensium Pandectæ*, mss. de la Bibliothèque nationale, et mss. 875 de la Bibliothèque d'Angers, tome II, p. 222.

rendu presque illisible par un copiste ignorant, dit textuellement « *tineis evidentibus perdiderit ingenii quam merebatur gratiam*[1] ».

Dans trois autres notes de Pocquet de Livonnière, le nom de « Germain Collin, poète » est mentionné, comme en une table ou memento[2].

Curieux des antiquités angevines, je me proposai d'abord de faire une analyse sommaire du manuscrit de Germain Colin. Mais aux premières pages du recueil je dus me demander s'il fallait jouir en égoïste de cette découverte, ou s'il ne vaudrait pas mieux porter à la connaissance du public lettré, l'œuvre entière d'un poète français de premier ordre à peine connu de nom, à vrai dire même inconnu jusqu'à ce jour. A mesure que j'avançai dans ma lecture, mes hésitations cessèrent. Sans doute on peut objecter que la mode n'est pas tant aux écrivains de la Renaissance qu'aux conteurs du xviii° siècle, ou aux romantiques. Mais on n'est pas rigoureusement tenu de suivre la mode. On me dira : Sainte-Beuve et Villemain ne sont plus. Hélas ! personne ne sent mieux que moi combien le poète Colin gagnerait à être présenté par un Villemain ou par un Sainte-Beuve.

Mais je me persuade que les poésies de Germain

---

[1] Bibliothèque d'Angers, n° 1067, in-4° de 402 ff., p. 88, et 1068, in-folio de 381 p., copie de Bancelin, tome II, p. 22.

[2] Page 377. A la page 383, on trouve cette mention : « Germain Colin, poète, p. 121 », sans que nous ayons pu savoir à quel ouvrage, probablement perdu, cette indication de page se rapporte, mais c'est très vraisemblablement au recueil d'Éloges que Pocquet de Livonnière composait pour la vieille Académie des sciences d'Angers.

Colin ont assez de valeur pour se présenter elles-mêmes. Et je suis convaincu que les hommes capables d'apprécier les écrivains originaux de notre langue ne manquent pas en ce temps-ci. De récentes tentatives faites pour augmenter la richesse de notre vocabulaire prouvent qu'on n'a pas encore renoncé à l'étude approfondie de cette langue si jeune, mais si pleine de sève, si riche déjà, si pittoresque, si colorée du temps de François Ier. Un jour peut-être prochain, l'on recueillera pieusement ces vieux mots français qu'on aurait peut-être eu le droit d'oublier, si des expressions meilleures les avaient absolument remplacés, mais qu'on aurait dû conserver, et qu'il faudra reprendre s'ils n'ont plus d'équivalents dans notre langue.

Pour enrichir le trésor de notre dictionnaire, il vaut certes mieux emprunter aux poètes, aux chroniqueurs de nos vieilles provinces, ces mots, ces tournures originales du XVIe siècle qui s'y sont souvent perpétués jusqu'à nos jours. Cela est préférable à la manie de surcharger notre conversation de tout un jargon étranger, ridicule étalage d'un vain savoir trop encouragé par le journalisme et les usages mondains.

On nous saura peut-être gré d'avoir cédé à ces considérations, en publiant les poésies de Germain Colin Bucher, et en essayant de faire connaître l'homme et son œuvre.

D'abord il est bien établi que Germain Colin Bucher sont les deux prénoms et le nom d'un même personnage. On avait manifestement la coutume de l'appeler par son prénom de Colin, diminutif de Nicolas, et c'est ainsi que Colin devint, par l'usage, le nom patronymique de la famille, comme il arrive encore de nos jours, et comme il arrivait plus fréquemment encore au xvɪᵉ siècle, où les actes de naissances étaient encore fort irrégulièrement tenus, où les actes de décès étaient remplacés le plus ordinairement par la liste incomplète des convois funèbres.

Le poète assure, en jouant sur les mots, qu'il était fort timide, et n'avait pas le haut vol des oiseaux de proie :

« Franc Colin suis, ni sacre, ni gerfaut... »

Il recommande de ne l'appeler que « Germain ou Colin » ou bien du nom de la maîtresse de ses pensées (CL). Et, quoique Bucher ait signé les épîtres qu'il lui adressait, de son nom et de ses deux prénoms, l'éditeur des *Epistres familières,* visiblement pour se conformer à l'usage, n'inscrit au titre de ces deux pièces de vers que les noms de Colin et de Germain Colin. Sagon ne l'appelle pas non plus autrement que Colin[1].

Tout ce que l'on sait de son origine nous est appris par ces vers qu'il adresse au Traverseur :

Impere moy comme maistre a novice
Tu me verras a tes ventz reflechir,
En Angevyn debonaire et sans vice,
Ne sachant point sommeiller ni gauchir.
Je suis d'Anjou, de gente clere et franche
Qui n'a tache que d'honneur s'enrichir,
Dont m'a fallu appuyer d'aultre branche

---

[1] *Epistres familières,* folio LXXIII de l'édition de 1545.

Pour soustenir ma vie en ce bas monde
Qui sus les bords d'amaritude panche [1].

Quelle était la famille du poète ?

Une note du savant Claude Ménard dit que c'était une ancienne et illustre famille de robe, « *vetusta claraque in togis nostralibus familia* [2] ».

La collection de notes sur les familles de l'Anjou recueillies vers la fin du XVIIIe siècle par Thorode (manuscrit 1004, à la Bibliothèque d'Angers), nous fournit quelques détails plus précis.

Le plus ancien des personnages cités dans ce recueil, est Thibault Colin, qui fut conseiller de l'hôtel de ville d'Angers, « dès la création première, » en 1474. A la même date un bourgeois d'Angers, Guillaume Oudin, dans son *Journal* [3], nomme un Germain Colin comme ayant dû quitter la ville d'Angers pour avoir protesté contre la création de la mairie par Guillaume de Cerisay, agent de Louis XI, qui visait l'héritage du roi René d'Anjou.

M. Célestin Port, en son savant *Dictionnaire de Maine-et-Loire* (1874), se demande si le poète dont il cite le nom n'est pas un fils de ce Germain Colin. Il n'y a pas d'hésitation possible. Le père du poète s'appelait René [4]. Or, la collection généalogique de

---

[1] *Épistres familières,* folio XLVI.

[2] *Peplus,* 2e partie du *Rerum Andegavensium pandectæ,* manuscrit conservé à la Bibliothèque nationale, et à la Bibliothèque d'Angers, sous le n° 875, tome II, p. 222.

[3] Publié dans la *Revue de l'Anjou,* 1857, p. 11.

[4] Son épitaphe, p. 96 du manuscrit de la Bibliothèque nationale, est publiée ci-dessous, n° CCLII.

Thorode, mentionne René Colin comme ayant eu à recueillir avec sa belle-sœur, Marie Dubreil, épouse de Pierre Le Roi[1], et son beau-frère, Mᵉ Jean Dubreil, la terre de Dangé, par le fait de sa femme, Jeanne Dubreil, le 1ᵉʳ décembre 1502, en héritage de Mᵉ Jean Dubreil.

Cette terre de Dangé, alors sur la paroisse d'Étriché, aujourd'hui commune de Daumeray, comprenait plusieurs moulins, et relevait en partie de Saint-Germain et de Chartres. Elle appartint plus tard pour un tiers à Hardouin Colin, fils de René Colin et de Jeanne Dubreil, remariée à Mᵉ Louis Bodin, et pour deux autres tiers, à Vincent Dubreil, greffier de la Mairie d'Angers[2].

Hardouin Colin prend le titre de licencié ès-lois le 1ᵉʳ octobre 1530, à la naissance de sa fille Jeanne ; plus tard, vers 1540, il exerce la profession d'avocat. Le généalogiste Audouys[3] le fait mourir le 22 janvier 1557, et l'inscrit au nombre des membres de la famille Colin de la Noue qui donna plus tard[4] des conseillers au Parlement de Bretagne.

---

[1] Mss. 1004, au nom *Colin*. (Titres de la terre de Dangé, domaine, folio 10.)

[2] Hardouin Colin donne à bail un des moulins de Dangé, le 18 février 1526, à Mᵉ Jean Dubreil (mss. 1004). — Célestin Port, *Dictionnaire de Maine-et-Loire*, tome II, p. 7.

[3] *Recherches généalogiques sur les familles de l'Anjou*, mss. 1005 de la Bibliothèque d'Angers, 18 vol. in-fol., xvIIIᵉ siècle, tome V, p. 65.

[4] François Collin, sieur de la Noue, né à Saumur, de François Collin, conseiller à la Prévôté d'Angers, conseiller de Bretagne, du 8 février 1589, sénéchal de Saumur (1597), mourut en 1608. François, son fils, devint conseiller au Parlement de

On voit aussi ce Hardouin Colin reçu le 10 mai 1532 au nombre des membres de la confrérie des bourgeois d'Angers, desservie en l'église Saint-Laud, onze ans après Mᵉ Germain Colin, son frère, notre poète sans nul doute, qui fut reçu dès le 9 mai 1521. Un membre de la même famille, Charles Colin, paraît à l'arrière ban d'Anjou en 1542. On trouve plus tard Mᵉ Jean Colin, avocat à Angers, sieur de l'une des métairies de Dangé (30 décembre 1562), un Pierre Colin, sieur de Dangé (31 mai 1582), Mᵉ Pierre Colin, praticien, reçu dans la confrérie des bourgeois d'Angers le 9 mai 1557, comme le fut ensuite, le 9 mai 1571, « honorable homme Mᵉ Raymond Collin, sieur de la Colletterie, » puis encore, noble homme Jean Colin, sieur de Champrenais (1600), Jean Colin, sieur de Chanvanays (20 septembre 1603), Pierre Colin, sieur des Ruettes, échevin d'Angers, le 1ᵉʳ mai 1637, et « noble homme Pierre Colin, échevin d'Angers, le 24 avril 1638 ». J'ignore s'il faut mentionner ici Jean Colin, bailli du comté de Beau-

Bretagne le 16 février 1619, et mourut à Angers le 5 mai 1654 ; c'était un littérateur dont les œuvres sont perdues. Son fils, François, sieur de la Noue, aussi conseiller de Bretagne, avait épousé Renée Dagoust, dont il eut Marie, épouse de Charles-François d'Andigné, seigneur d'Angrie (16 janvier 1680). Mss. 875 de la Bibliothèque d'Angers, fol. 187 ; mss. 1067, p. 87. — *Archives de Maine-et-Loire*, série E, 3013. — *Thorode*, mss. 1004, tome V, p. 83.

Les armes de cette famille sont : *De gueules à deux pommes de pin d'or la tige en haut, et une molette d'éperon ou une étoile d'or posée en pointe*, d'après Audouys, armorial mss. 994, p. 49, et les manuscrits 993 et 703 de la Bibliothèque d'Angers. (Joseph Denais. *Armorial général de l'Anjou*, tome II, p. 406.)

fort au xvi° siècle, qui figure dans tous les anciens recueils angevins et dans tous les grands répertoires biographiques comme auteur de la première traduction française de l'*Histoire d'Hérodien* (Paris, 1541) et des traductions de l'*Éducation et la nourriture des enfants,* de Plutarque (in-8°), *de la Tranquillité de l'esprit,* du même auteur, du livre *de l'Amitié,* de Cicéron, etc. Mais il serait plus aisé sans doute de trouver un lien de parenté entre Germain et Jean Colin, qu'avec Jacques Colin d'Auxerre, poète, bel esprit qui fut lecteur et secrétaire de François Ier et mourut en 1547.

Quoi qu'il en soit, nous en savons assez pour contrôler l'assertion des manuscrits d'Angers.

Voilà bien la famille de notre poète « gente clere et franche » telle qu'il nous la désigne lui-même, la famille « ancienne et illustre dans la robe », dont nous parle le *Peplus* de Ménard [1].

Le poète nous parle aussi de son père et de sa sœur Catherine, morte avant lui, et dont il célébra la bonté (CCLXXXIV), d'un neveu « plus scavant que son âge » (CCLIII), et d'un cousin, « M. de Mathaut » (LXXXI) [2].

L'attitude de « maistre Germain Colin » qui, subit l'exil pour sa fidélité à l'infortuné duc d'Anjou, prouve que le poète ne se vantait pas, en rappelant qu'il était de race à rechercher plus l'honneur que les

---

[1] L'érudit Claude Ménard naquit en 1574 et mourut en 1652.
[2] Léger Buscher fut maire d'Angers, en 1483-1498 ; mais si rien ne dément sa parenté avec le poète, rien ne l'indique.

profits[1]. Fidèle à cette tradition, Colin cultiva plus amoureusement les Muses que la Fortune, comme on le verra par la suite, et comme il le reconnaissait en signant sa seconde épître à Jean Bouchet :

> Cil qui plus a les Muses que l'or cher,
> Ton serviteur, Germain Colin Bucher.

Pourtant, s'il faut l'en croire, sa jeunesse ne fut point trop malheureuse ; il regrettera — peut-être avec trop d'imagination poétique, il est vrai, — sa beauté, sa richesse (XLIX), ses nombreux amis, lorsque le malheur l'aura visité, « En heur suivy ; en malheur asservy », titre qu'il donne au récit de ses doléances :

> Quand je tenoys des biens a grand foyson,
> Prez, boys et champs, vignobles et preaux,
> Rentes et cens, et pompeuse maison
> Toute d'azur et d'or jusqu'aux carreaux,
> Perles, saphirs, dyamans et rubis,
> J'avoye alors des amys à monceaulx,
> Prestz a me plaire en tout, fust blanc ou bis.
> Lorsque j'estoys decoupant le velours
> Faisant sus mule ung Raminagrobis

---

[1] Dans son invitation « à M. de Mandon, chanoine d'Angiers », on lit :
> Mais si pour vostre esbattement
> Daigniez abaisser vos tiltres
> Et venir en l'hebergement
> De pauvres rustres et ministres.
> Combien qu'ayons pouldreux pupiltres
> Et que vivions *diettement*
> Nous vous ferons cheres, sans citres. (CLXXXII.)

Tout parfume de musc en mes atours,
De binjouyn et de larme de myrrhe,
Chascun venoit me donner des bons jours,
Se offrans a moy plus qu'on ne scauroit dire.
Tous les matins on véoit a ma porte
Tourbe de gens assez pour ung grand sire ;
Seul me louoient, seul me honoroient, en sorte
Que seul sembloys digne de Renommee.
Mais quand Malheur a use de main forte
Et que ma table a este affamee
Chascun me fuyt, et me monstre du doy.
Quand la chevance est du tout consommee,
L'amour se pert et n'y a plus de foy. (xci.)

Devenu vieux, goutteux (ccxxvi), triste et pauvre (xlix), Colin attribuait tous ses malheurs au petit dieu malin :

« Amour m'a mis ainsy... » dit-il.

« Amours maling, tout seul mes maulx conspire. » (xvi.)

Dans son prologue, il raconte comment, séduit par une lecture de Virgile, il voulut d'abord goûter à la poésie. Mais rebuté, dès les premières difficultés, il eut le malheur de trop écouter Vénus qui lui offrit, sous les apparences d'un délicieux nectar, un breuvage fort amer :

Mais las Phœbus a la barbe doree
Voyant d'en hault que son eau voulois prendre
Pour en gouster, sans plus m'alla deffendre
Et prohiber le goust de la boyture,
Dont honte et dueil me vindrent tant surprendre
Que longtemps quis au centre sepulture.

Mais puys Venus, d'amoureuse nature,
Prenant pitie de mes griefs et labeurs
Me dist : — Colin, va prendre nourriture
En ma fontaine et boy de ses liqueurs.
Ce que je feis, mais, Dieu ! quelles doulceurs !
Elles estoient, pour vous le dire en brief,
Pleines de fiel, de venin et d'aigreurs,
Dont a present je chante mon meschef
Et suys contrainct, qui m'est un tres grand grief,
De racompter mes faultes et mes hontes,
Comme on voirra cy-apres chef à chef.
Amours ainsy me tient dedans ses comptes. (I.)

Vénus, pour Germain Colin, se présenta sous les traits d'une dame aussi sage que belle, qu'il ne cessa de poursuivre de ses prières ou de ses menaces, lesquelles restèrent, paraît-il, également vaines. Il l'appelle Gylon, et nous a laissé d'elle un portrait très flatteur :

... Qui vouldra paindre amour droictement
Paigne Gylon, car soubz le firmament
Il n'y a point de patron plus insigne :
En face, en corps, en beau contenement,
En faictz, en dicts, c'est Amour en tout signe. (XXVII.)

Dans son enthousiasme, Colin raconte que Cupidon, qui doit s'y connaître, ne vit point de femme comparable à Gylon. Il échange avec lui ce gracieux dialogue :

A Cupido

Pourquoy fuis tu le ciel pour terre moins fertile ?
Le ciel est ton pays. — Il est vray, mais aux cieulx

Deesse n'y a poinct si belle ny gentille
Comme dame Gylon, ny que j'aymasse mieulx

Mais la belle résistait à Colin comme à Cupidon :

Quand Cupido veit les yeulx de Gylon :
— Jamais, dit-il, ne vy femme plus belle.
Quand il sentit son cueur dur et et felon :
— Jamais, dit-il, n'en vy de plus cruelle. (CXXVII.)

Faut-il croire à de telles rigueurs, ou se rappeler le mot de Julie, dans *la Comtesse d'Escarbagnas* : « C'est une licence que prennent Messieurs les poètes, de mentir de gaieté de cœur, et de donner à leurs maîtresses des cruautés qu'elles n'ont pas, pour s'accommoder aux pensées qui peuvent leur venir ? » Je n'oserais me prononcer. Mais à chaque page de Colin, nous voyons le poète se lamenter sur l'indifférence de sa belle.

Sa passion laisse échapper parfois des lamentations amères contre l'insensible Gylon :

La voyez-vous enflee et glorieuse
De sa beaulte par sus toutes esleue !
La voyez-vous superbe et dedaigneuse,
Pour ce qu'on dit qu'elle a grace et value !
Quand je l'honore, en passant, ou salue,
Et le bon-jour humblement je luy donne,
En son desdain elle est si resolue
Qu'un tout seul mot ne me respond ou sonne.
Bien me perçoit, mais elle m'est tant bonne
Qu'elle s'en mocque. O Dieux plains de pitie,
Je vous supply que beaulte l'habandonne
Qui l'endurcist à toute inimitie.

Accelerez ses ans sus la moytie ;
Brouillez son tainct ; soit sa face ridee ;
Courbez son corps, refusant amytie,
Affin que gloire en soit toute vuydee. (xxxvii.)

Colin n'était pas absolument véridique en son dépit, lorsqu'il assurait ne pouvoir tirer de Gylon « un tout seul mot ». La dame ne se faisait pas faute, de reprocher au poète amoureux d'énerver son talent à de si pauvres futilités. Mais la passion, chez lui, était plus forte que la raison et lui-même est contraint de l'avouer dans ce devis :

Propos de l'acteur et Gylon

Jusques au fons d'amour je contemploye.
En contemplant lors Gylon me vint dire :
« Cerche aultre part desduyt qui pour toy ploie ;
Ton fol penser n'engendre que martyre.
Croy que mon cueur a ton voulloir ne tyre.
Tu sembles cil qui l'eau et vent veult prendre
De crible et rehtz, et nul des deux attire.
Tu ne fais rien : myeulx te seroit aprendre,
Lorsque tu as jeunesse doulce et tendre,
Grec et latin et la langue hebraïque ;
Tu as assez d'esprit pour y entendre.
Delaisse doncq ces flammeaux, et t'aplique
A recepvoir doctrine evangelique.
Fay reflorir par estudes Thalie
Et laisse-la ton langaige gallique.
Fuy le project d'amoureuse folie
Et desormais ta veine se ralye
A faire escriptz de plus digne memoire.
Fay que toy vieulx tu n'ays melencolie

> Pour doulx repos, et deshonneur pour gloire.
> Pense au futur. Si tu veulx Gylon croire,
> Ce que tu fais maintenant sent son feu,
> Plus que ne faict une gregoyse hystoire. »
> Lors je lui dis : « O Dame de grand preu
> Tu me dis vray. Mais je voue ung seul Dieu
> Que ta beaulte me contrainct a t'aymer
> Et tes vertus illustres en tout lieu.
> Si ainsy n'est je puisse à mort pasmer. » (XXI.)

Il serait intéressant de savoir quelle femme chanta Colin, sous ce nom de Gylon. Tout ce qu'on apprend, par les vers de notre Angevin, c'est que la Laure de ce nouveau Pétrarque était « damoyselle » par conséquent de bonne condition, qu'elle était riche (XXXII et XLVI), qu'elle avait une petite sœur qui s'appelait Luce, une belle-sœur nommée Françoise, et que son père s'était adonné aux Muses, puis à Pallas, déesse des arts, qui « par sciences infuses », le fit ami de Junon, reine des royaumes (XCIII), ce qui, sous ces allégories mythologiques assez confuses, semble démontrer du moins, que la riche et belle Gylon était fille et peut-être femme d'un grand seigneur.

Malgré le peu d'encouragement qu'il reçoit de sa dame, malgré les conseils raisonnables qui lui sont donnés, le pauvre Colin ne peut se décider à rompre avec sa folle chimère.

> Toutes douleurs humaines sont gueries
> Par medicine et son noble artifice;
> Mais amour seul, en ses chauldes furies,
> Hait medicins et blasme leur office. (XXXIX.)

Cette vie le tue, dit-il. (CXXIII.)

La passion s'exalte même, chez lui, au point qu'il s'écrie :

Il ne me chault que de vivre en amours. (xc.)

Mais son inconstance ne paraît pas avoir eu tout l'avantage qu'il s'en promettait, témoin le joli rondeau où une autre Angevine lui donne une assez fière leçon.

Colin lui avait écrit :

... Vostre jeunesse et beaulte tres exquise
Ne doibt pas estre au mary tant soubzmise
Qu'amy n'ayez, qui a tout supployra
    Au gre d'amour...

Car dame n'est, princesse ni marquise,
Qui quelquefois sa grace ne divise... (ccxiv.)

La dame répond :

Au gre d'amour telle qu'avez emprise
Je ne cherray pour nul homme en reprise,
Ny mon marry point on n'en mocquera,
Jamais son lict d'honneur ne vacquera :
En cela suys resolue et aprise.
Si la Nature en moy beaulte a sise
Pas moins n'en suys chaste, je vous advise.
Pour tant cerchez ailleurs qu'il vous plaira
    Au gre d'amour.

Car puisque Dieu, sa loy, et son Eglize
De noz deux corps en ung la chair ont mise,
Homme vivant ne la divisera ;
Et quand la Mort le devis en fera
Encore apres luy scray-je soubzmise
    Au gre d'amour. (ccxv.)

Le dialogue continua, mais sans que Colin pût arriver à son but. La « belle rebelle » finit par une « responce de non plus y retourner. » (CCXVII.) Et le poète pour se consoler, dut mettre en vers ce prosaïque dénoûment !

Nous avons vu que Germain Colin fut reçu le 9 mai 1521, membre de la noble confrérie Saint-Nicolas des bourgeois d'Angers, desservie en l'église Saint-Laud [1]. On prétendait que cette confrérie avait été fondée par le comte d'Anjou Foulques Nerra, dès le XI° siècle ; les associés formaient l'élite des prêtres, gens de robe et gens d'épée de la ville.

C'est plus tard, en 1529, que nous le voyons à Malte, en qualité de secrétaire du grand maître de l'ordre de Saint-Jean de Jérusalem, Philippe de Villiers de l'Isle-Adam, le glorieux vaincu de Rhodes, qu'il suivit un peu partout, à Malte, à Nice, à Chambéry, en Sicile, à Saragosse [2].

Dès cette époque, il avait été en commerce littéraire avec plusieurs hommes distingués, avec Jacques Locher, mort en 1528, à Ingolstadt, auteur d'une *Historia de rege frentie cum nonnullis aliis versibus et elegiis*, datée de Fribourg-en-Brisgau [3] ; avec Macé, le chroniqueur qui succéda à l'ami de François Ier,

---

[1] Thorode, mss. 1004, tome V.

[2] *Épitres familières* de Jean Bouchet, 1545, f°s 73 et 76, et La Croix du Maine, édition de La Monnoye, tome Ier, p. 267.

[3] Brunet indique cette pièce in-4° goth. de 27 ff. (musique) comme fort rare, avec la date de 1485 ; mais il doit y avoir erreur ; Locher étant né à Ehigen-en-Souabe, en 1470 seulement, n'aurait eu que quinze ans.

Guillaume du Bois, dit Cretin[1], mort en 1525 ; et enfin avec Clément Marot, comme il l'écrit à Jean Bouchet :

> Jà de longtemps eû cest honneur moien
> De praticquer l'erudite accointance
> D'un par sus tout grant rhetoricien
> C'est de *Macé*, le chroniqueur de France
> Le successeur de Guillaume *Cretin*...
> Et d'avant luy j'avoie amour entiere
> Avec *Lochier* d'honneur le vray scrutin,
> Le propre Homere en subtile matière.
> *Marot* aussi passa en renommée
> Tous les destroitz de Gallicque frontière
> J'ay fréquenté en graces assez aimée... [2].

Il dut commencer de bonne heure à faire des vers : Gylon lui reproche de négliger, pour la poésie, les études sérieuses, à l'âge de la « jeunesse doulce et tendre » (xxi).

Dans un de ses rondeaux il demande à Hardouin Brehier, son « compaignon de tout », le moyen de sortir des filets de l'Amour.

---

[1] Guillaume Cretin, chargé par François Ier d'écrire l'histoire de France, fit des chroniques en vers, en douze livres. Ses poésies, publiées par l'Angevin J. Charbonnier, vicomte d'Arques, son fils adoptif, sont obscures, incompréhensibles souvent, remplies de jeux de mots et de puériles allitérations. Mais on le louait fort de son temps. Rabelais seul, qui en fit le Rominagrobis de son *Pantagruel*, se permit de le traiter avec les égards dûs à ce ridicule que le roi « protecteur des lettres » avait pris pour du talent.

[2] *Épistres familières*. — Épistre LXVI : « Seconde épistre envoyée par ledit Colin audit Bouchet et de la Cecille, qui est faicte en vers tiercez et rime Toscane et Florentine. »

A Hardoyn Brehier, mon compaignon de tout.

Conseillez-moy comme jy doy entendre.
Amours, qui scait les cueurs des gens surprendre
A pris le myen. Certes ! il est perdu.
Mon corps en est si mat et confondu
Qu'il est quasi prest de s'en aller pendre !
Possible est-il de le povoir reprendre
Sans vers Amours trop grandement mesprendre,
Veu qu'il est ja son prisonnier rendu ?
    Conseillez-moy. (cc.)

Or, Hardouin Brehier mourut le 30 janvier 1505 (1506, N. S [1]). C'est donc dès avant 1506 — et peut-être beaucoup plus tôt, — que fut écrite cette petite pièce. La nature de la question, cette sorte de cas de conscience exposé par Colin, amoureux malgré lui, ne permet pas de doutes sur l'identité du personnage auquel s'adresse le poète : c'est bien là l'official, le grand pénitencier de Saint-Maurice (depuis 1488), celui qui brûla ses manuscrits sous l'influence du

---

[1] Le testament qu'il fit le 28 juillet 1501, le codicille du 28 janvier 1505, où il parle de sa sœur Anne, qui « a pris, dit-il, de « grande peine environ moy, pendant ma maladie », sont conservés à la Bibliothèque d'Angers (mss. 635, n° 10), avec l'inventaire dressé après son décès, le 2 janvier 1506. Voir aussi sur Hardouin Brehier, C. Port, *Dictionnaire de Maine-et-Loire*, p. 481 du tome Ier. — Bruneau de Tartifume, *Angers*, mss. 871 de la Bibliothèque d'Angers, f° 70, donne son épitaphe à la cathédrale d'Angers. — Hardouin Brehier était fils d'un argentier de Jeanne de Laval, reine de Sicile ; il fut pourvu d'abord d'une prébende à Saint-Laud d'Angers (1474), puis devint official de la cathédrale, doyen de la faculté des Arts à l'Université, pénitencier de Saint-Maurice d'Angers, en 1488.

prêtre qui l'administrait, le régent appelé en 1526, par Charles de Bourdigné, en son *Pierre Faifeu :*

Ung esprit angelicque...
Que j'ay connu, c'est Hardouyn Brahier...
Vostre deffunct... [1]

Des neuf Muses, Colin Bucher semble avoir surtout cultivé dans sa jeunesse la muse Erato. Il essaya de faire sa cour à Calliope, mais bien plus tard, en 1525 seulement, comme il le dit en son épître à l'honneur de Jean Bouchet, datée de 1529 :

Quoique bien tard je t'ay quise et voulue
Et que je soie arrivé gros et lourd
Depuis *quatre ans seulement en ta court...* [2].

Il est à croire qu'il réussit mal en ce genre. En dehors de ses épitaphes, de ses poésies amoureuses et badines, nous ne connaissons de lui que ses deux épîtres à Jean Bouchet qui puissent, — et tout au plus, — être comprises dans le genre héroïque.

Sa correspondance avec le chroniqueur et poète poitevin, qui jouissait alors d'une grande réputation,

---

[1] La *Légende de maistre Pierre Faifeu,* mise en vers par Charles Bourdigné. — Paris, Coustelier, 1723, in-8°, p. 5.
[2] *Épistres familières du Traverseur.* Poictiers, 1545, in-fol. « Épistre (LXIIII) poétique envoyée de Nyce audict Bouchet, par maistre Germain Colin, secrétaire de Monsieur le grand maistre de l'ordre de Saint-Jean de Jérusalem. » (V° plus loin à l'*Appendice* CCXCXVIII.)

fut commencée à la prière d'un membre de l'ordre de Saint-Jean, Guyvreau :

> Un commendeur non mettable en arrière
> Son bon voysin d'une ville et pays...

Malgré l'enthousiasme avec lequel il célèbre les hauts faits du grand maître de Rhodes, en Sicile, où Philippe de Villiers arracha aux Turcs plus de six cents esclaves chrétiens, Colin préférait la plume à l'épée, le repos du foyer aux héroïques aventures. Malte lui déplaisait. (CLX.) Il nous le dira plus tard. En attendant, pour s'arracher aux désagréments de cette vie agitée, pour tromper le temps, le poète écrit ses épîtres à Jean Bouchet [1].

En ce temps-là, — comme en d'autres, — les princes montraient trop de tiédeur, au gré de leurs partisans. Ils voyaient peut-être des difficultés que les poètes ne pouvaient prévoir ? Colin gémit de leur apathie ; sa plume peut à peine se contenir :

> Et aujourd'hui le Turcq a fait armer,
> Comme l'on bruyt, trois ou quatre cents voiles.
> Où est le Roy qui le pourra gourmer ?
> (Si non celuy qui fiet sur les estoilles,)
> Nul pour ce temps, car nos princes et roys
> Appetent mieulx chasser les cerfs es toiles
> Que d'assembler leurs effors et arrois
> Pour recouvrer l'heureuse Terre Saincte
> Où Jésus-Crist mourut pour eulx en croix.

---

[1] *Épistres familières*..... — Épistre envoyée de Nice le 7 juillet 1529. (V° plus loin l'*Appendice*.)

> Mais de cecy je me tais, car la plaincte
> Que je ferois en chose tant ardue
> Jà n'en seroit dedans leurs cueurs empraincte
> Fors pour parolle esgarée et perdue... [1].

Il est visible que notre Angevin n'avait ni les goûts, ni l'ambition d'un courtisan. Aussi les conseils qu'il donne sur la manière de mener une existence heureuse, ne sont point ceux d'un ami des grandeurs :

> Veux tu apprendre a joyeusement vivre
> Et a passer tes jours en grand repos ?
> Laisse les cours des grands seigneurs à suyvre
> Ou il n'y a que faincts et vains propos :
> Retyre toy en quelque petit lieu,
> Gras et fertile, et tourne a dueil le dos.
> Ne prends espouse, ains fuy-la comme feu,
> Ou bien prends la telle, je te conseille,
> Qu'elle ne soit trop belle ny trop peu,
> Clergesse moins. A banqueter ne veigle
> Et ne t'adonne a trop boire et manger
> Qui l'homme en vice et en crime assommeille.
> Debatz d'aultruy ne vueilles chalenger.
> N'aye la main prodigue ny serree.
> Tien ung estat moyen, sans le changer.
> Durant l'yver, prends ta robbe fourree.
> Et sus l'este vestz toy legerement.
> Fuy toute envye et rancune alteree.
> Ainsy vivras cent ans heureusement. (CXLVII.)

Il n'est pas sans intérêt de voir Jean Bouchet juger

---

[1] *Épistres familières*, fol. 45, verso.

la valeur littéraire de notre Germain Colin. Il le compare à Georges Chastelain. Certes le juge est manifestement bienveillant mais sa louange est appuyée sur une critique sérieuse ; il répond à la lettre que nous avons citée tout à l'heure :

>La tienne epistre estoit très bien sortable...
>Et quand j'eu vu ton éloquente epistre
>Je la jugé faicte d'ung grant magistre
>Et me sembla qu'homme n'estoit vivant
>Et que c'estoit l'esprit de maistre George [1]
>Ou œuvre faict de ses marteaulx de forge,
>Veu le langage et style mellifiu
>Ou n'y a rien perdu ne superflu,
>Plaisant à lire et orné d'élégance,
>Net de tout vice, entre aultre d'arrogance,
>Brief, copieux, en termes florissant
>Et des lecteurs l'esprit resjouyssant...

Bouchet termine sa lettre en exprimant le désir de correspondre fréquemment avec lui :

>J'escris rondeaulx, epistres et homelyes
>C'est le plus doux de tous nos passetemps,
>Jaçoit, seigneur, que bien peu j'y entends.
>Et te supply, puisque les mers separent
>Nos mortelz corps, que nos esprits se parent
>Eulx visiter par espistres souvent... [2].

Il n'est pas exact, comme l'avance l'abbé Goujet [3], qu'alors du moins, Jean Bouchet connût personnelle-

---

[1] Georges Chastelain.
[2] *Épistres familières*, fol. XLIV et XLV.
[3] Goujet, *Bibliothèque françoise*, tome XI, pp. 348-350.

ment Colin. Il déclare, dans une lettre à François Sagon, que s'il était en correspondance avec lui, c'était par sympathie, par affinité de goûts, par admiration pour son talent, mais qu'il ne l'avait jamais vu, que c'était pour lui, comme il le dit, « un mien incongneu. »

Nous avons entendu Colin dire à Bouchet qu'il avait aussi fréquenté « en grâce assez aimée » le poète alors le plus fameux de France, Clément Marot.

Notre Angevin affichait une grande modestie dans sa « Responce à ung quidam qui mectoit l'acteur au nombre de plusieurs grands rhetoriciens » :

> Entre mil escus de bon poys
> Ung leger voulentiers se passe.
> Aussy ceulx qui m'ont mys en choys
> Font sur moy leur grace sans grace ;
> Car rien ne suys... (CXCVI.)

Mais il ne faut se fier qu'à demi à la modestie des poètes. Et je ne voudrais pas avancer que Colin n'envia jamais la réputation de son illustre contemporain. Il fut un jour très mortifié de n'avoir point reçu de Marot une réponse qu'il croyait pouvoir attendre de lui, et manifesta son dépit par ce rondeau :

A ce grand Marot, despit sans garrot[1] :

> Encontre toy, Marot, je veulx entendre
> Et demonstrer que j'ay meilleur entendre
> Que tu n'as pas en l'art de rhetoricque,
> Plus digne esprit, plus nette theorique,

---

[1] Colère sans fouet.

> Plus d'argutie, et myeulx de quoy m'estendre.
> Et prends le bien. Car tu peulx bien entendre
> Que Muses n'ont arc ny fleches pour tendre.
> Aussy en rien ne suys-je colerique
>   Encontre toy.
>
> Mais l'appetit de plus avant apprendre
> Et le record de toy, qui dueil m'engendre
> Quand tu ne feiz response ny replique
> A mes escriptz, ma patience implique
> Et si me faict en fureur pleume prendre
>   Encontre toy. (CCXXI.)

Une autre fois, Colin s'éleva contre les *dizains* de Jamet et de Clément Marot. (CLXXV.)

Colin Bucher, — et c'est ici que la jalousie montre un bout de son aile noire, — va jusqu'à contester toute valeur aux écrits de son illustre rival ; il attribue exclusivement la faveur qu'ils obtiennent à la protection avérée du roi et de la reine de France.

Néanmoins Colin dut oublier généreusement les griefs de sa susceptibilité, car il prit parti pour l'ami de Marguerite de Valois dans sa querelle violente avec François Sagon, curé de Beauvais.

On a pu constituer de véritables dossiers avec les plaidoyers pour et contre chacun des adversaires. Et il faut avoir lu les brochures imprimées sur cette fameuse dispute littéraire, pour se faire une idée de la passion soulevée des deux côtés adverses, à une époque où les journaux n'avaient point encore introduit l'habitude de certaines polémiques.

Sagon, par un mauvais calembour, en était arrivé à traiter son adversaire de *Maraud* : l'autre lui répliquait, par un jeu de mots plus détestable encore, et prétendait que Sagon devait s'écrire *Sagouin !*...

On en était là. Et chacun faisait appel à ses amis. Le curé de Beauvais crut pouvoir demander aide à Colin, en même temps qu'à son ami Bouchet :

> Viens ! contre ce Marot malin,
> Boucher, et toy, Germain Colin,
> D'Angers et Poictiers la défense.

Mais Sagon « eut bientôt lieu de se désabuser, remarque la Monnoye [1], lorsqu'il sut que Colin était auteur de l'épître où, feignant de vouloir pacifier le différend de Marot et de Sagon, il donnait manifestement tout le tort au dernier. » Il en écrivit à Jean Bouchet.

Après s'être plaint de ces hommes qui flattent leurs semblables, et ne sont que de faux amis, l'adversaire de Clément Marot dit au Traverseur :

> Je dy cecy pour cause (amy Bouchet)
> Que je te vueil pour vray amy attraire,
> Au lieu d'un faulx qui se nommoit mon frère,
> Ayant dedans le cueur fainct et maling,
> J'ai dueil qu'il fault nommer Germain Colin,
> Duquel j'ay eû en amytié la basque ;
> Car ne portant ung visage de masque
> Doulx au parler, en presence de moy
> Me promettoit, par lettre, amour et foy ;
> Et au contraire avoit en la pensée,
> Inimitié contre moy pourpencée,

---

[1] Remarques de La Monnoye, dans la *Bibliothèque françoise*, de Lacroix du Maine, tome Ier, p. 267.

Ce que diras son epistre voyant,
Qu'à son Marot et moy fut envoyant
Soubz ung desir qu'il faignoit par trafficque
De nous induyre à l'amour pacificque ;
Mais lui de nous supporte d'or et oingt,
Et l'autre à tort blasonne, picque et poingt,
Qui est le poinct pour veoir la flaterie,
Et l'amy fainct user de menterie.
Or est ainsi que mon page avoit mis
Cestuy Colin au rang de mes amis,
Ayant congneu que par frequente lettre
Tel envers moy se donnoit à congnoistre.
Encor il mist (dont j'ay grand dueil) le nom
Auprès du tien, Bouchet.....

Sagon insistait ensuite près de Bouchet pour que celui-ci rompît avec Germain Colin, et réservât toute son amitié au seul curé de Beauvais :

Ediffiant par bon entendement
Amour parfaict sur un vieil fondement,
Ou mon Germain estimoit que je feisse
De fainct amour bastir un ediffice,
Comme il a faict de sa part envers moy,
Veu que sans droict, sans raison et sans loy
Il m'a blasmé, et a prins la défence
De son Marot, qui Dieu et monde offense.
Ce qui luy est accordé et permis
Par tiltre et droict des simulez amis,
Desquels l'entrée est saincte et amoureuse
Et la sortie unique et malheureuse.
En laissant donc ce vieil adulateur [1]...

---

[1] *Épistres morales et familières du Traverseur.* — Épître CIX, p. LXXIII.

Cette citation de Sagon n'a pas seulement un intérêt biographique ; elle permet d'en faire la comparaison avec les vers de Colin Bucher, et de montrer l'évidente supériorité de notre poète angevin sur celui-là même que l'on posait publiquement en rival de Clément Marot.

Jean Bouchet répondit avec beaucoup de politesse au curé de Beauvais, mais en refusant d'entrer personnellement dans cette querelle littéraire :

> Quant au par sus de ton epistre ou lettre
> Il me desplaist veoir fortune telle estre
> Que deux amys si très grans orateurs,
> Et de vertuz et lettres amateurs,
> Qui si longtemps ont amytié tenue,
> Soient en discord pour chose mal congneue
> Dont dangereux est d'escrire et parler,
> Et dont ne peult enfin que mal aller.
> De l'orateur Germain Colin l'épistre
> Je n'ay tenu ne veu substance ou tiltre,
> Et m'est fort dur qu'homme de tel esprit
> Ayt contre toy, comme tu diz, escript,
> Et entreprins toy et Marot conjoindre
> Par amitié, pour l'un et l'autre poindre.
> Je ne l'ai veu, ne toy, mais je congnois
> Par ses escriptz que nagueres tenois,
> Que si sa plume est à son cueur unie
> Il ne vouldroit tomber en villenie.
> Il m'a escript de Malthe par deux foiz,
> Et moy à luy, bien au long, toutesfoys
> Non en tel art que sceut faire sa Muse,
> Car mon estat m'empesche que j'y muse,
> Et ay congneu par ce qu'il m'escripvoit
> Qu'amour à moy de sa grace il avoit ;

Ce qui me fait (seigneur) trouver estrange
Que si subit l'amour de vous deux change
Et qu'il laissast toy son antique amy
Pour de Marot faire son ennemy,
Parlant des deux en mauvaise partie.
Quant est de moy j'en quitte la partie :
Je suys amy de tous en charité.
J'entends de ceulx qui suyvent vérité.
Il me desplaist de veoir vous trois en picque...
Chascun de vous par art et par nature
Merite loz de sa propre escripture
Diversement ; mais en dire et en faict
De tous humains il ny a rien parfaict [1]...

Cette défense de Marot par Germain Colin, dont se plaint amèrement Sagon, et que dit ne pas connaître Jean Bouchet, ne m'est point tombée sous les yeux. J'ai vainement feuilleté à la Bibliothèque nationale les petites pièces détachées ou les recueils concernant cette polémique mémorable ; je n'ai rien trouvé, ni là, ni ailleurs, sous la signature de Colin Bucher. Mais il se pourrait que le *Différend de Clément Marot et de François Sagon*, qui figure dans plusieurs éditions de Marot, parmi les poésies attribuées à celui-ci, fût la pièce dont se plaint Sagon à Bouchet.

Il est peu vraisemblable que cette pièce où l'adversaire si fort en colère du curé de Beauvais est en somme assez maltraité, soit de Clément Marot lui-même. L'auteur essaye bien de faire, en cette querelle, la part des torts respectifs ; il veut être juge impartial,

---

[1] *Épistres morales et familières du Traverseur*. — Poictiers, 1525, p. LXIII et suiv.

« arranger le différend », comme le dit Sagon. La facture de cette poésie rappelle tout à fait le genre de notre poète angevin. Je ne puis ici, d'ailleurs, en l'absence de preuves, qu'émettre une simple hypothèse [1].

L'existence de Germain Colin paraît s'être achevée dans une sombre mélancolie, un véritable dégoût de tout, même des plaisirs que donne l'étude. Écoutez le poète :

> Pleurant je vins sus terre, et en pleurs je deffine.
> Tout mon vivre est ennuy, soing, soucy, peine et pleurs.
> Et tout ainsy que l'or par le long temps s'affine,
> En vieillissant aussy s'accroissent mes douleurs. (VII.)

Et encore :

> Doulx et plaisant jadis me fust l'estude
> Mais pouvrete dure et espouventable
> Me faict trouver l'escolle austere et rude. (CLXI.)

En même temps que la vieillesse et la pauvreté, la goutte, les maladies, s'abattent sur lui. Ses amis

---

[1] Les biographes de Clément Marot indiquent comme ayant guidé ses premiers essais poétiques Lemaire de Belges et Jacques Colin, abbé de Saint-Ambroise, du diocèse de Bourges. (Voir notamment la Préface de M. Philibert Soupé aux *Œuvres de Marot*, publiées à Lyon en 1869, tome Ier, p. VII.) La *Gallia Christiana*, tome II, ne dit rien de l'origine de Jacques Colin. En l'absence de renseignements suffisants sur ce Jacques Colin, il serait téméraire d'avancer qu'il y eut peut-être dans sa parenté un prétexte à la « fréquentation » de Marot et de Germain Colin Bucher. Je devais néanmoins noter cette similitude de noms.

l'abandonnent. On le prend pour un original ; on le déteste ; on l'insulte ; un tas de « gens, barbiers, foulons, frippiers », l'appellent « beste et sot » ; les nobles, dit-il,

> Vilain me font et me reputent beste,
> Me regardant de tort et de travers
> Comme si j'eusse une corne en la teste.
> Chascun me hait, chascun me dampne et fuyt,
> Car aujourd'huy on ne faict cas ny feste
> D'homme vivant, tant soit-il clerc instruit,
> S'il n'est puissant d'heritaige ou pecune. (cxxx.)

Il se plaint de sa grande misère : il a tout perdu, tout dissipé, comme il le dit en la

Chanson de l'Acteur

> Ouvre tes yeulx, Fortune,
> Et voy ma grand misere,
> Apaise ta rancune
> Et mes griefs considere.
> J'ay tout perdu, terres, prez et bruyere,
> Tu as tout pris, tu as tout dissipe ;
> Je n'ay plus rien qu'un esperant maniere ;
> Encor en suys-je abuse et trompe... (clxxxvii.)

> Ja, sept vingtz fois la Lune
> A pris neufve lumiere
> Sans que liesse aulcune
> M'ait este personniere...

Les femmes, la table, le jeu sont les coupables (I, X, XLIX, XCI, etc.). Gylon, la sage Gylon, le lui avait bien prédit !

Mais comment convertir à la sagesse un poète amoureux ? Colin savait que cela est impossible.

Amour et saigesse different :

Pour Dieu ! Gylon, le cas me soit remys
Si quelquefoys peu discret je te semble,
Car a grand peine il est a Dieu permis
D'estre amoureux et saige tout ensemble. (xciv.)

Colin finit par prendre le monde en pitié et en dégoût : sa mélancolie gémit sur son temps, comme toute mélancolie gémira sur tous les temps. Un Angevin d'esprit, Gilles Ménage, a déjà remarqué « que la plus ancienne de toutes les plaintes, est celle des poètes sur le malheur du temps et sur l'ingratitude de leur siècle [1]. »

Douleur du piteux temps d'aujourd'huy

Pleure la vie, Heraclite, des hommes
Plus que jamais et par force de cris,
Seche tes yeulx tant que tu les consommes.
Derate toy, Democrite, en ton ris.
Car seurement en ce temps ou nous sommes
Les humains sont si meschantz et verris [2]
Que puys que Dieu est Dieu on n'a veu chose
Qui plus a rire et plorer nous impose. (cxlviii.)

Cette misanthropie s'attaque à tous, non seulement aux « sots, riches », en remarquant, avec raison, que

---

[1] *Menagiana*, 2ᵉ éd., 1694, p. 259.
[2] *Verris*, se dit encore en Anjou, pour *moisis*.

« les beaux noms ne font pas gens de bien » (CLXXIX), mais à ses compagnons, les amis de la table et de la bouteille (CCXLVIII et CCLXXXII), aux avares (CCLXVIII), aux paresseux (CCLXXXI), en même temps qu'aux dissipateurs (CCLXXXIX), aux joueurs, aux libertins (CCLXXX) et aux aventuriers (CCXLIX). C'est surtout à l'Amour et à ses méfaits qu'elle en veut davantage. Colin nous l'a déclaré déjà dans son *Prologue*. Il nous le rappelle à chaque instant.

Je suis faulx Dieu abusant les loyaulx,

lui fait-il dire (CIII).

Dans plusieurs passages, c'est à Vénus et à Cupidon qu'il s'en prend de ses mécomptes ; ainsi, dans ce « dicton » :

Trop se deçoit, qui cuide Amour ung dieu.
Les dieux sont bons, Amour faulx en tout lieu. (XIV.)

Colin finit dans un tel découragement, qu'il écrit :

Soing, peine, amour, patience et besoing,
Sollicitez a present autres ames ;
Car la myenne est de terre sy tres-loing
Qu'elle ne peult plus sentir humains blasmes.
Quand est du corps, j'en laisse aux vers le soing
Jusques au jour que tout yra en flammes. (CCLIV.)

Il est trop visible, au reste, que sa misère est réelle. C'est bien le poète « *suo hillo victitans* », dont nous a parlé Ménard. Nous ne nous trouvons pas ici seulement en face d'une sorte d'hypocondriaque dont l'imagination s'obstine à voir tout au pire. C'est un malheureux en proie à un complet dénûment. Non seulement, comme il nous le dit, « sa table devient affamée » (xci), mais sa « grand misère » l'oblige à des démarches humiliantes. Lui, qui nous a conté, peut-être en l'exagérant, sa splendeur; lui, le secrétaire du grand maître de Malte, se voit réduit à se plaindre au sénéchal de Rhodes d'être « d'habits tout descouvert » (clvi). A Saragosse, il souffre du froid, et réclame des vêtements au neveu du grand maître Aurigny (clviii); puis, de nouveau encore, au commandeur de Rivaux, rappelant l'ordre qu'a donné, à Nice, Philippe de Villiers, de lui envoyer une « vesture » (clvii). A M. de Granville, il demande du bois pour se chauffer (clxxxvii), en homme qui sait d'ailleurs fort bien rédiger sa requête :

> Or, dites, Monsieur de Granville,
> Ne donrez vous un peu de boys ?
> Si promesse honneste et civile
> Nous oblige autant que les loix,
> L'acquit en sera plus facile
> Que le reffus de deux charrois.
> Et si jamais je suys habile
> En chose pour vous de bon pois,
> Je soys de tous membres debile
> Si je m'en fais prier deux fois.

Le pauvre poète en arrive à implorer d'un « argentier de cour », un petit écu qui manque dans son escarcelle :

> Ung pouvre escu est a vous peu de chose
> Qui me fera grandement seigneurir... (ccxviii.)

Il demande en même temps de ne point faire le voyage d'Angers à Paris pour l'aller chercher :

> D'aller a pied quatre vingtz lieux courir
> Sans qu'on en puisse aulcun bien acquerir
> C'est mal sus mal, myeulx vault que cy je pose...

Et puis, Colin ne devait point savoir refuser de l'aide à ses amis. On le voit bien à la façon dont il se plaint de certains « ingrats », et surtout quand il fait ses réclamations « à ung quidam » :

> L'argent que doy me contrainct de cercher
> Ce qui m'est deu, afin de ne fascher
> Mes creanciers... (ccxxxviii.)

Dans ses voyages outre-mer, Colin eut en outre plus d'une mésaventure. A Malte, il ne put même pas se faire payer. Le frère Jean Boniface retient ses gages. Il s'en vengera en chrétien, — mais aussi en Français, — par une prière... et par une épigramme :

> Cy gist frere Jean Boniface
> Villain de faict, sang, corps et face,
> Myeulx ressemblant une tonaçe
> Que le Roy n'est noble de race.
> Prions Dieu que pardon luy face
> Car il est dampne sans sa grâce. (cclxxiii.)

Son dégoût pour les expéditions lointaines et le séjour sur les vaisseaux paraît en plus d'un passage de ses écrits. « Sus la grosse nau de Rhodes » il s'amuse à traiter son *mal* en un rondeau fort pittoresque :

> Ne mort ne vif, entre le ciel et l'eau,
> Pose que l'air soit assez cler et beau
> Je me desgouste, estant si loing de terre.
> Mon cueur bondist et l'estomach me serre ;
> Le sang me glace, et froidit sous la peau.
> Cela me vient du bransle de la nau
> Qui m'estourdist tant l'ame et le cerveau
> Que je ne scay si je suys homme ou pierre
>   Ny mort ne vif.
>
> Je ne scaurois avaller ung morceau
> Qui tost ne soit revomy du boyau
> Sans digerer. O Dieu qui jamais n'erre !
>   Je suys transy en ceste nau de guerre
>   Comme ung amant reffuse du joyau
>   Ne mort ne vif. (ccxxx.) [1]

Les Angevins comme les Bretons ont la nostalgie de leur pays. Colin Bucher pensait sans doute ainsi que Joachim du Bellay en son fameux sonnet :

> Plus que le marbre dur me plaist l'ardoise fine...
> Et plus que l'air marin la doulceur angevine.

---

[1] Cf. avec l'épitre LXIIII à Jean Bouchet, *in fine* (ccxcviii).

Il revint évidemment à Angers, pour y achever sa vie.

A quel âge et en quelle année mourut notre poète ? Ici nous sommes réduits aux conjectures.

La dernière pièce avec date, que nous ayons relevée de lui, est l'épitaphe de Clément Marot, mort en 1544.

Dans son manuscrit, certainement de 1535 à à 1536, il se plaint déjà d'être vieux. Il n'est guère vraisemblable que le poète se soit à plaisir vieilli. D'ailleurs, Sagon, qui eut sa querelle avec Marot en 1537, l'appelle un « vieil adulateur ». Selon l'opinion commune, la vieillesse, — s'il faut prendre cette expression à la lettre, commence à soixante ans [1]. Lorsqu'il se déclare « vieux », lorsqu'il ne cesse de gémir sur sa « viellesse », dans ses vers antérieurs à 1535, Colin Bucher lutte contre la perte de son ardeur première ; il peut bien être de ceux que signale La Bruyère comme voulant cacher leurs faiblesses ou en diminuer l'opinion par l'aveu libre qu'ils en font : « Un homme dit, je suis vieux, il passe soixante ans [2]. » S'il a réellement plus de soixante ans, dès 1535, nous devrions reporter la date de sa naissance à 1475 au plus tard, et les vers de jeunesse adressés à Hardouin Brehier, mort en 1506, auraient pu être écrits par notre Angevin dès l'âge de vingt-cinq ans, à la date de 1500 environ, ce qui n'a rien d'invraisemblable.

---

[1] Voir entr'autres Littré et Robin : *Dictionnaire de médecine et de thérapeutique.*
[2] *Caractères,* ch. XI.

Quant à l'année de sa mort un manuscrit de la Bibliothèque nationale (17005, fonds français, p. 68) inscrit le nom de « Germain Colin, poète français » à la date de 1545, entre Jean de Bourdigné et Lazare de Baïf. Or, le plus grand nombre des cinq cents indications qui y sont contenues, porte la date de décès du personnage nommé. Il est donc supposable au moins que Germain Colin Bucher mourut vers 1545, à l'âge de soixante-dix ans environ.

En cette introduction nous nous sommes attaché surtout à citer les vers qui ont un intérêt biographique, historique, sans nous occuper beaucoup ici de leur valeur littéraire.

Nombre de poésies de Germain Colin Bucher, ont un caractère tout angevin. Nous retrouvons là plusieurs de ses connaissances : M. de Juigné, chanoine d'Angers, qui lui donne une pipe de vin (LII) ; maistre Baudouyn du Fay, sieur du Jau (XXXIV) ; Jacques de Mandon, un autre chanoine de Saint-Maurice, connu déjà par sa bienfaisance, et qui rimait aussi[1] ; le juge de la prévôté Le Bret, à qui il demande s'il est nécessaire de lui adresser des vers de sa façon, pour obtenir quelque faveur :

> Faut-il rythmer pour si petit de chose
> Dont le butin prophane la conqueste... (CLXXXIV.)

[1] Voir plus bas note de la pièce CLXXXII.

Puis, le libraire, Philippe Bourgoygnon, « à qui il voudrait rendre tous les plaisirs qu'il lui a faits depuis un ou deux ans » :

> Je vous supply, ne vous fasche d'attendre
> Encore ung peu, que le de tourne mieulx,
> Ou autrement il vous conviendra prendre
> Ce que je veulx pour ce que ne peulx... (CLXXXVIII.)

Nous lisons encore des vers de Colin, à « M. le baron de Pincé, la Jaile » (CXCIX); à « Christophle de Pincé », sieur des Brosses et de Saint-Melaine, lieutenant du sénéchal d'Anjou, devenu échevin en 1535, maire d'Angers en 1538, mort en 1560 (LXXVIII); — à « M. de Rochefort, l'advocat » (LVI); — au « seigneur de Vieilleville, » comte de Durtal, celui sans doute qui devint maréchal de France en 1552 (CXV); — à « maistre Antoine Le Devyn, seigneur du Tronchay » (XIX), à qui il pose cette question captieuse :

> J'ay eu souvent la pensee doubteuse
> Pourquoi tousjours ung amant est instable,
> Veu qu'amour est chose tant pretieuse,
> Et, bien souvent, tant requise et sortable,
> Car sans amour le monde prendroit fin.
> Qui en scauroit la cause, elle est notable.
> Je te supply, dy la, tu es Devin. (XCV.)

Cet Antoine Le Devin, « l'élu d'Angiers, » était fils de Jean, enquêteur d'Anjou et de Jeanne de Courbefosse : on savait qu'il avait composé plusieurs tragédies françaises restées inédites, et probablement perdues, *Judith, Esther, Suzanne,* ainsi qu'une traduction de *Salluste.* Une pièce de notre Colin Bucher nous apprend qu'il traduisit aussi des discours de Cicéron : il mourut en 1570, ayant eu cinq enfants de sa première femme, Renée Moysant ; c'est très probablement d'elle que parle Colin dans ses vers « d'un papegault de ma damoyselle du Tronchay ». Sa parenté, en même temps qu'une affinité de goûts littéraires, dut être un solide lien d'amitié entre notre poète et l'élu Le Devin, car nous rencontrons souvent ce dernier nom dans les poésies de Colin [1]. (XIX, XCV, CX, CXVI, CLXXVI, CXCI, CXCII, etc.)

---

[1] C'est probablement un de ses fils, Jean, qui devint professeur de droit à l'Université d'Angers, en 1597, et mourut en 1616 *(Revue d'Anjou,* 1878, tome II, p. 327). Gilles Ménage, dans sa *Vita Petri Ærodii* (édition de 1675, in-4°, p. 321), cite une Marie Le Devin, fille de René Le Devin, sieur de Villettes, enquêteur d'Anjou (né en 1520), comme femme de Pierre Chotard, fils de Pierre Chotard, sieur de la Hardière, dont la femme, Perrine Le Mal, était fille de Guillaume Le Mal et de Perrine Colin. — Le rare opuscule de l'angevin François Grandin, *Destruction de l'orgueil mondain,* publié en 1558 (in-12, Claude Frémy), cite, d'autre part, en la dédicace, une Élisabeth Colin, épouse de n. h. Guill. Lasnier, seigneur de Sainte-Jame et de l'Effrétière. C'est sans doute la même que Gilles Ménage (*Vita Petri Ærodii,* p. 461) cite sous le nom de Isabeau Colin, femme de Guy Lasnier, maire d'Angers (en 1560), « de la famille de M. de la Noë Colin, conseiller au Parlement de Bretagne, échevin d'Angers en 1505 », par conséquent, comme on l'a vu ci-dessus, de la famille de notre poète [1].

[1] Voir ci-dessus, p. 11.

Le rondeau qu'il adresse « pour son may [1] » à l'abbé de Saint-Aubin d'Angers, Jean de Tinténiac, dénote une familiarité qui ne s'arrête même pas aux vulgaires convenances (CCXXXII). Son invitation à dîner « à quatre chanoines d'Angiers, » MM. de Mancy, Breront, Lofficial et de Juigné est dans le même goût. (CXLIII.)

A la mort de l'abbé de Saint-Aubin qui s'était démis en 1522, et mourut le 8 juillet 1525, Colin n'en écrit pas moins une fort élogieuse épitaphe de Jean de Tinténiac. (CCLXII.)

Sa tristesse éclate encore avec plus d'éloquence à la mort du neveu de cet abbé, le dernier des abbés réguliers, décédé le 26 avril 1535 :

Regret de feu Helye, abbe de S. Aubin

Il n'y a point de remede, il est mort !
Conformons nous au bon vouloir de Dieu...
Et de luy seul attendons reconfort.
Si contre mort regretz avoient adveu
Assez n'avons de pleurs pour ung tel sort.
Mais il suffist qu'il eut grace en tout lieu
Et que de luy ny a plaincte ny tort,
Car qui bien vit, la mort luy vient a jeu. (CCLXXVII.)

Ce qu'on ne s'explique guère, c'est que dans le grand nombre d'épitaphes qu'il nous a laissées, Colin

---

[1] Dans une autre pièce de vers, Colin invite l'abbé de Saint-Aubin à dépouiller un peu de gravité pour « venir jouer et rire » avec lui et les commères (LXIV).

Bucher n'ait pas célébré le souvenir du héros dont il fut le secrétaire, Philippe de Villiers de l'Isle-Adam, grand maître de Rhodes. Le poète se serait-il séparé de lui en mauvais termes ? Le grand maître mourut en 1534, à Malte ; on trouve dans les épitaphes de notre poète, une pièce à l'honneur d'un maire d'Angers, mort aussi en 1534 ; le recueil des poésies que nous publions, semble s'arrêter après 1535. On pourrait difficilement admettre que la nouvelle de la mort de l'Isle-Adam, ne fut pas encore apportée en Anjou lors de la confection de ce manuscrit.

Autrefois les fêtes étaient nombreuses : en Anjou non seulement on avait coutume d'envoyer des fleurs à ses amis pour « le may, » comme on vient de le voir dans le rondeau à Jean de Tinteniac (cxxx) ; on offrait des œufs de Pâques à ses parents et amis ; on célébrait gaiement, le verre en main, le Sacre et la Saint-Martin. On ne lira pas sans plaisir la jolie pièce bachique d'un caractère bien français, bien angevin, que le poète a composée sur cette dernière fête, qui n'est pas encore tout à fait abolie aujourd'hui. (CLXXXVI.)

> Gentilz pions amys de la bouteille
> Qui vous levez pour mieulx boire matin...

Les épitaphes de Colin, en nous ramenant dans la société angevine du commencement du xvie siècle, nous reportent à des idées élevées, présentées souvent avec autant de charme que de grandeur.

Il est regrettable de ne pouvoir mettre un nom sur ce

Regret d'une bonne Angevine

En paradis Jesus-Christ preigne l'amè
De ceste cy qui gist soubz ceste lame.
Gente de corps fut, et de beau visaige
Tant qu'au penser le cueur triste à vizai je
Aussy a bien tel qui si fort ne l'aime.
Sainctes et saincts ! envers Dieu vous reclame
Que facez tant pour celle que je clame
Que de voz biens elle ait part et usaige
  En Paradis.

Vivante, fust sans reproche et sans blasme,
Tant qu'après mort ung chascun la proclame
Perle d'honneur, patron de femme saige.
O Gabriel ! qui portas le messaige
Pour nous saulver, fay place a telle dame
  En Paradis. (ccxiii.)

Notons, en passant, les épitaphes de René de Piédouault, protonotaire apostolique, d'une très ancienne famille de Jallais, fondue au xvi° siècle dans la maison de la Grandière (cclxxvi), de « feu noble Jacques de Bernay, chanoine d'Angiers, » peut-être de la famille de l'abbé de Saint-Serge, au xv° siècle, le moine de Berné et de Jean de Berné, régent en droit civil de l'Université, en 1422 (cclxxiv) ; du lieutenant Pierre Loriot, seigneur de la Galonnière, maire d'Angers en 1520, mort le 1ᵉʳ novembre 1534 (cclxxxv) ; de Jacques de Maillé de la Tour-Landry, protonotaire (cclxxxvii), de « feu mademoyselle Guillemine Godefer » (cclxxi) ; « du sieur de Vaudoré et de sa fille unicque »

(Jean du Pin, et sa fille Renée) (CCLXX); « du feu seigneur de Vauberger » (CCLXVII); du « feu bonhomme procureur Lemaczon » (CCLVIII); du docteur Michel Passin ou Passim, régent en l'Université d'Angers (CCLXXXVIII).

A côté de l'épitaphe d'un « bon banquier » italien, établi à Angers, Perceval de Bardi (CCLX), voici l'épitaphe d'un artiste [1], agrémentée d'un jeu de mots :

D'un maistre de psalette d'Angiers

Arrestez vous, passans, voyez miracle :
Jean Foliot ycy ses oz assemble
Qui fut tenu, en tout bon habitacle,
Chantre *picard* et *discret* [2] tout ensemble. (CCLIX.)

A rapprocher, l'épitaphe (CCLXXIX) d'un poète musicien dont le nom même me paraît être resté inconnu jusqu'ici de nos historiens : Guillaume Cadiot, « *excellent joueur de viole, et bon poète, serviteur de l'evesque d'Angiers, Jean Olivier.* »

Colin paraît avoir été en rapports intimes avec une famille de robe de la Flèche et de Baugé, la famille Richeome : trois de ses épitaphes lui sont consacrées

---

[1] Je ne sais s'il faut ajouter à la liste des peintres, enlumineurs ou orfèvres angevins le nom que nous fournit la pièce de Colin « à ung quidam » :
  L'ymage d'or que *Michel* a pourtraicte
   Est sur ton vif assez proprement faicte... (P. 66 du mss.)
[2] *Picard, bavard,* dit le proverbe. Or on appelait alors les prêtres « vénérable et *discret* ».

(CCLXIII, CCLXXXVI et CCXC); j'en citerai une, aussi remarquable par la simplicité de l'expression que par la délicatesse de la pensée :

D'ung noble marchant.

Jean du Gault est alle a Dieu,
Il n'est point de meilleur voyage,
Puis qu'il fault accomplir le vœu
Que nature a mys en usaige.
Et si la distance du lieu
Rend ung peu doubteux le passaige,
Pensons y bien, et pour ce peu
Mort nous sera grand avantaige (CCLXXXVI).

On voyait autrefois à Saint-Maurice le tombeau d'un prêtre chapelain, docteur régent en médecine en l'Université d'Angers, Jean Champion « la gloire de l'école angevine » comme le disait la pierre de son sépulcre. Il ne faisait payer ses soins qu'aux riches et visitait gratuitement les malades pauvres [1]. Sa mort arrivée le 14 septembre 1529, inspire encore à Colin une belle poésie :

De feu messire... Champion, medicin excellent

Cy dessoubz gist l'ennemy de la Mort,
Qui par son art et infuse sophie
En tant de lieux a rompu son essort
Que son renom quasi s'en deyfie.
Mort a vaincu son vainqueur droit ou tort
Et maintenant elle s'en glorifie,

[1] Célestin Port, *Dictionnaire de Maine-et-Loire.*

> Criant partout ce piteux desconfort :
> A l'arme, à l'arme ! humains, je vous deffie !
> Le Champion qui gardoit vostre fort
> Est rue jus. Terre le putrifie.
> C'est faict de vous, plus n'avez de renfort ;
> Pensez y bien, car je vous certifie
> Qu'en Dieu sans plus on doibt querre confort
> Et que fol est aux hommes qui se fie. (CCXLVI.)

Ce n'est point là le style ni les pensées d'un rimeur vulgaire. Sous la plume de Germain Colin ces louanges funèbres deviennent souvent de mordantes épigrammes, mais presque toujours une pensée sérieuse jette la note grave au milieu des saillies de son esprit.

Ainsi, l'épitaphe *du fou Polithe*, qu'il fait parler du fond de son tombeau :

> Priez pour vous, et vous serez que saige,
> Pour moy ne veulx que l'on face priere
> Car je ne feis oncque maulvais ouvraige :
>   Nature mist mon esprit en derriere,
> Et m'en feist pouvre. Ainsy, comme a dict Dieu,
> Je suys *heureux* ; sa parolle est entiere [1].
> Mon ame au Ciel s'esjouist au millieu
> D'autres espris plus luysans que verriere.
> Bien peu de gens auront plus digne lieu,
> Posay qu'au monde ils ont saige maniere. (CCXLV.)

Les contemporains de Colin ont-ils jamais manié plus spirituellement l'ironie ?

---

[1] Allusion à la maxime de l'Évangile : *Beati pauperes spiritu, quoniam ipsorum est regnum cœlorum.* (Mathieu, c. v, v. 3 ; Luc, c. vi, v. 20).

Et ce portrait de l'ivrogne n'est-il pas du meilleur comique :

> Cy dessoubz gist, or escoutez merveilles,
> Le grand meurtrier et tirant de bouteilles,
> L'anti-Bacus, le cruel vinicide
> Qui ne souffrit verre oncques plein ny vuide :
> Je tais son nom, car il put trop au vin.
> Mais il avoit en ce l'esprit divin
> Qu'en le voyant il alteroit les hommes,
> Et haissoit laict, cerises et pommes,
> Figues, raisins, et tout aultre fruytaige,
> Synon les noix, chastaignes et fromaige.
> Il y doloit tant fort le gobelet
> Qu'il ne mangeoit viande que au salet,
> Et ne prioit Dieu, les saints ny les anges,
> Fors pour avoir glorieuses vendanges.
> Par ce moyen, humains, vous pouvez croire
> Qu'il n'estoit ne pour vivre, mais pour boyre.
> Ainsy ne vient a regretter sa vie
> Puis qu'elle estoit au seul vin asservye.
> Mais vous ferez à Baccus oraisons
> Qu'il le colloque en ses sainctes maisons,
> Tout au plus bas de la cave ou cellier
> Car oncq ne fut de meilleur bouteillier. (CCXLVIII.)

Citons encore quelques épitaphes de divers genres : « Du roy de la febve qui mourut avant son couronnement. » (CCXLIII.) « D'un pouvre temeraire avanturier. » (CCXLIX.) Du chanoine Le Gay « un riche mort sans regrets. » (CCLXVIII.)

Au temps ou Colin versifiait, tout le monde croyait

à la culpabilité de Jacques de Beaulne, baron de Samblançay, fils d'un bourgeois de Tours, parvenu au poste de surintendant des finances quand il fut accusé d'avoir détourné l'argent destiné aux armées d'Italie, et d'avoir ainsi causé la perte du Milanais et de Gênes. Samblançay fut pendu le 12 août 1527 ; Colin dédia ce quatrain à sa potence [1].

De Samblançay

Jacques de Beaulne eut ce haut monument
Par ung respons d'Apollo moult subtil :
— Fortune tant t'eslevera, dit-il,
Que tu vivras et mourras haultement. (CCLXIV.)

Toute autre est l'épitaphe du Chevalier sans peur et sans reproche, mort en 1523 :

Du capitaine Bayard

Que cerchez vous, passans, ycy entour ?
Le chevalier Bayard n'y est plus,
La Renommee en faict triumphe et jour
Que du cercueil l'a levé et seclus.
Retyrez vous, satisfaictz au parsus,
Et ne pensez jamais Bayard en terre
Si par vertu le Ciel se peult conquerre. (CCLXIX).

Enfin, quoi de plus touchant que le discours prêté

---

[1] Clément Marot use du même jeu de mots, lorsque dans son élégie *Du riche infortuné Jacques de Baune* (1527) il prête à Samblançay un discours sur ses enfants, lesquels
    Haults eslevez en honneur et pouvoir
    Hault eslevé au gibet m'ont peu voir...

par Colin à un bon Angevin, qui tient à consoler ceux qu'il laisse après lui ?

De feu notable personnaige maistre Barthelemy du Fay [1].

> Je suis alle devant, pour vous attendre,
> Laissant memoire a vous et tous les miens
> Que le regret que jectez sur ma cendre
> Me griefve aultant comme il ne vous vault riens.
> Car si j'avoys le conge de descendre,
> Ainsy que j'eu de monter les moyens,
> Je ne vouldrois, certes, jamais le prendre.
> Mais vous encore, abusez terriens,
> Qui ne scavez que vains plaisirs comprendre,
> Dictes la Mort ruyne de tous biens,
> Ce qui est faulx, ains elle est doulce et tendre
> Et fin de peine à tous bons chrestiens. (CCLI.)

Clément Marot avait écrit une épitaphe de « l'abbé de Beaulieu la Marche qui osa tenir contre le Roy [2] » ; Colin exerce aussi son indignation sur ce même personnage, assiégé par le comte de Guise ; il n'épargne même pas au cadavre des accusations qu'il serait malséant de reproduire ici. (CCXLIV.)

En plus d'un passage de ses œuvres, notre poète passe malheureusement des grâces anacréontiques à une licence grossière.

---

[1] Barthélemy du Fay, licencié és-lois, avait fondé une chapellenie en 1508 dans l'église de Saint-Laurent d'Angers. (Péan de la Tuillerie, *Description de la ville d'Angers*, note de M. Cél. Port, p. 512.)

[2] *Œuvres de Marot.* Lyon, 1869 ; tome II, p. 29.

Il ne faut pas séparer les hommes que l'on étudie du milieu où ils ont été appelés à se trouver. Or tout le monde sait que les mœurs de ce temps-là laissaient passer presque inaperçus les plus grands écarts de plume. C'était le siècle de Rabelais, de Mathurin Régnier, de l'Arétin, de Brantôme, des contes de la reine de Navarre, de *la Légende de Pierre Faifeu*, etc., le siècle où, comme on l'a pu dire, la chanson érotique et licencieuse courait les rues, et se faisait entendre même sur les lèvres des plus belles dames de la cour [1]. Y avait-il plus de corruption? il y avait certainement moins de pudeur. On peut le rappeler aux pessimistes, aux détracteurs systématiques de notre temps. L'époque où nous vivons n'est assurément guère à l'abri des reproches, mais au point de vue de la décence publique, elle ne paraît pas inférieure au temps de François Ier [2].

Il est absolument nécessaire de se rappeler l'état des mœurs au commencement du XVIe siècle pour expliquer la crudité de certaines expressions employées par notre poète angevin. Sans cela il serait impossible de comprendre que le même homme put exprimer si délicatement les pensées les plus élevées, et s'abaisser à des grossièretés de langage

---

[1] Voyez Weckerlin, *Bulletin de la Société des compositeurs de musique*, tome Ier, p. 223.

[2] J'ai cru devoir appuyer cette remarque dans le *Bulletin du Bibliophile et du Bibliothécaire* de Techener (in-8°, mai-juin 1889, p. 267-268), au cours d'un petit travail sur le musicien angevin *Jehan Chardavoine, de Beaufort, en Anjou*, auteur du premier recueil de chansons imprimé (1576).

qu'on ne saurait admettre en aucune société respectable¹.

C'est pourtant bien le même poète qui écrit la prière à la Sainte Face :

> Beau linceul ou Dieu voulut pourctraire
> Sa passion et la méctre en paincture... (CLXXVIII.)

à la demande d'un de ses amis, de ses protecteurs sans doute, le commandeur de Malte, Louis de Tinteville « beau, saige, riche et de bonté certaine, » parent du grand maître de Rhodes². Il se recommandait ainsi à lui :

> Avant qu'aller au beau pays de France
> Ayez pour Dieu de Colin souvenance,
> Je vous en pry, car pour vostre plaisir

---

¹ Sainte-Beuve, à vingt-quatre ans, n'était point un critique trop pudibond : « J'ai le malheur de croire, disait-il alors, que la pruderie est une chose funeste en littérature », et cependant il ajoutait que « jusqu'à l'obscénité *exclusivement* l'art consacre et purifie tout ce qu'il touche ». *Tableau historique et critique de la poésie française et du théâtre français au* XVIe *siècle* (préface). Paris, 1828, in-8°. Lorsqu'à l'exemple de Mellin de Saint-Gelais, de Marot, de Villon et de presque tous ses contemporains, Germain Colin Bucher s'est laissé aller jusqu'à composer des épigrammes obscènes, je me suis rappelé le mot de Sainte-Beuve, et j'ai cru que l'art ne perdrait pas plus que le bon goût, à la suppression dans ses œuvres poétiques de trois ou quatre passages d'ailleurs peu importants. Je n'ai supprimé que les idées absolument obscènes : en d'autres passages, pour garder autant que possible l'œuvre entière, je me suis contenté de remplacer certains mots par des points.

² L'abbé de Vertot, *Histoire de l'Ordre de Malte*, 1726, tome II, p. 454.

> Il a rompu son desire desir
> Pour demeurer esclau des plaisance. (CCXXXI.)

C'est sur ce Loys de Tinteville qu'il fera plus tard une épitaphe où, après avoir célébré les vertus du défunt, il s'interrompt par un mouvement vraiment éloquent :

> Voyez comment la fatalle rancune...
> A pris en furt Loys de Tinteville !...
> Mais, quoy ! si Mort use de loy commune
> L'oraison soit plus que le plaindre utile. (CCXLII.)

Ainsi notre poète, dans ses vers, touche parfois aux plus profondes pensées sur les fins dernières, et tombe parfois aussi dans une licence vraiment indigne de l'art. C'est assez pour nous montrer, chez Colin, un de ces écrivains dont l'imagination vit, comme à plaisir, de contrastes, allant par sauts, et avec la même ardeur, aux deux extrémités opposées : dieux tombés qui se souviennent des cieux, mais qui ne s'en souviennent pas toujours, et se rappellent mieux leur chute. N'a-t-on pas vu ce phénomène, à toutes les époques, sous des formes à peine différentes, avec Villon, le prédécesseur de Colin, avec Clément Marot, son contemporain, avec La Fontaine, comme avec Voltaire ?

Victor Hugo, dans une nouvelle édition de ses *OEuvres,* se glorifie de ces contradictions. Trois siècles avant lui, Marot disait :

> Mais volontiers qui l'esprit exercite
> Ores le blanc, ores le noir récite...

Et ailleurs :

> Et est le painctre indigne de louange
> Qui ne scait paindre aussi bien diable qu'ange.

Je ne puis m'empêcher de faire ici un rapprochement entre Clément Marot et Colin Bucher.

Comme ce dernier, Marot nous a laissé nombre de poésies érotiques et même licencieuses, à côté des psaumes, — peintures d'anges et de diables !

Le galant ami de la reine de Navarre a voulu, dit-il un jour, conserver ses souvenirs comme une leçon, pour préserver la jeunesse des erreurs qu'il avait commises.

Colin nous a, de même que Marot, raconté ses folies, et, comme lui, c'est pour recommander de ne pas l'imiter. Écoutez son avis

A ses compaignons :

> En moy prenez exemple et garde,
> Qui maintenant la chambre garde,
> Pour avoir faict ce que vous faictes.
> J'ay tel este comme vous estes,
> Ruant, saillant de pied sus barde.
> Chascun de vous se contregarde,
> Voyant la goutte qui me darde,
> Et voz desirs souvent refaictes
>   En moy.

> Si vous trouvez quelque bragarde
> Dont le flammeau d'Amour vous arde
> Pour ses mignottes façonnettes,
> N'y allez point sans allumettes.
> Bon conseil a qui y regarde
>   En moy. (CCXXVI.)

Au reste, nos deux poètes avaient entre eux cette ressemblance d'être inconstants surtout dans leurs amours. Marot célèbre à genoux, ou voue aux divinités infernales, selon l'humeur du moment, sa Diane, sa Luna, son Isabeau. Colin ne cesse de soupirer après sa Gylon que lorsqu'il prend le temps de l'exécrer et de la maudire.

Nous ne saurions le regretter, au reste, car la Muse de notre poète a parfois l'indignation superbe. Est-il possible d'être plus éloquent, plus vraiment poète que Colin Bucher, dans ces vers ?

Despitz contre Gylon

Apres ma mort je te feray la guerre.
Et quand mon corps sera remis en terre,
J'en souffleray la cendre sur tes yeulx.
Et si mon ame est repetee aux cieulx,
Croy seurement, dame trop rigoreuse,
Je t'envoyray flamme si chaleureuse
De traictz a feu flamboyantz si tres fort
Que tant vauldroit sentir armes de mort.
Et si je n'ay les droicts de bonne vie
Bien accomplis, je courray a l'envye,
Sans distinguer le temps ny la saison
Comme un garou entour de ta maison.
Toutes les nuictz, en ton lit avallee,
De moy lutin seras en peur soullee,
Et greveray incessamment ton corps.
Je te feray ainsy misericords
Comme tu es a l'amoureuse essence.
Et si je fais en l'air ma penitence,
Leiger yray te nuyre et laidenger.
Si suys en l'eau, je t'y ferai plonger.

Et si je suys cache entre les nues,
Glaces alors ne seront retenues ;
Gresles, escler, ny tonnerres aussy.
Je t'en battray, sans grace ny mercy.
Finablement quelque chose que soye,
Je te feray la guerre en toute voye.
Si rien deviens, de rien te combattray,
Et sur tout rien a te veoir m'esbatray.
Moyen prendray d'issir de Phlegetonte
Et des paluz infernaulx d'Ascheronte,
Pour te grever comme je l'ay songe.
Et si je n'ay des Parques ce conge,
Ma bonne amour que tu as offensee
Rompra l'enfer comme toute incensee
Et s'en ira tes plaisirs estranger.
Car quand vivant je ne me peulx venger
Ne rendre aussy les angoisses semblables
Que tu me fais par rigueurs execrables,
Mort, te feray tant de griefs recepvoir
Que ce sera grand pitie de te veoir. (CXLV.)

Notre Angevin n'eut pas seulement le défaut d'inconstance commun avec son contemporain Marot, il eut aussi comme un air de parenté avec leur prédécesseur François Villon[1].

On sait que Villon n'était pas sans attaches avec le pays natal de Colin Bucher : dans son *Franc archier de Bagnolet*, où il parle en homme qui connaît le pays

---

[1] La première édition de Villon est datée de 1489. — Voir notamment, la curieuse *Notice sur François Villon* publiée par M. Auguste Vitu en 1873, à la librairie des Bibliophiles (in-8°, tirée à 350 exemplaires).

d'Ancenis, de Chantocé et du Lion d'Angers, Villon nous dit :

> Si vous voulez scavoir mon estre :
> Ma mère fut *née d'Anjou*,
> Et mon père je ne scay d'où...

Puis, quand il est menacé de la corde et se dispose à fuir, où va-t-il ? Son testament nous l'apprend : *à Angers*[1]. C'est d'ailleurs tout ce que Villon nous dit de son voyage.

Mais je veux rappeler ici leur seule parenté littéraire.

Comme Villon, c'est sa propre histoire que conte Marot dans ses vers. C'est aussi son histoire, celle de ses amours, de ses mécomptes et de ses remords que retracent les vers de Colin Bucher.

« Pauvre et malheureux », Villon, le prédécesseur de Marot et de Colin, parut « tantôt poète délicat et gracieux : qui le croirait, avec une telle vie ? tantôt satirique et moqueur, prenant parfois un ton de mélancolie qu'il interrompt tout à coup par une saillie ironique ou bouffonne ; ici, plaignant sa jeunesse passée à mal vivre, là, décrivant avec une sorte de trivialité énergique les ordures de sa vie, comme s'il s'en indignait par un secret instinct de gloire ; puis

---

[1]
> Pour obvier à ses dangiers,
> Mon mieulx est, ce croy de partir.
> Adieu ! Je m'en voys à *Angiers*...
> (*Petit Testament*, huitain VI.)

Villon était le nom du protecteur du poète : celui-ci s'appelait en réalité *Des Loges*, mais on ignore le nom de sa mère.

retombant bientôt dans son insouciance moqueuse. Tel est Villon », d'après le jugement autorisé de Saint-Marc Girardin [1].

On pourrait dire : tel est Colin Bucher, avec des péchés moins gros, sans doute, et qui ne lui méritèrent pas la corde; souvent avec autant d'originalité, même avec plus de grâce aussi et plus de saine philosophie.

Villon, lorsqu'il rédigeait sa fameuse ballade à la potence, « priant ses frères humains qui vivent après lui » de demander à Dieu « qu'il le veuille absoudre », s'excusait de leur donner ce nom de « frères », lui qui allait être « occis par la justice ».

Tous les hommes « n'ont pas bon sens assis », dit-il, et Villon a eu seulement une petite part de bon sens que « Dieu lui a prêté ». Puis il ajoute avec sa malice incorrigible qu'il n'a pu, — et pour cause, — en emprunter à ses contemporains.

Colin ne croit pas avoir davantage le « sens rassis ». Jusque dans ses amours, il souffre de son peu d'équilibre :

> Quand je suys pres de Gylon, la pucelle,
> Je deviens froid plus que marbre ny naige ;
> Quand je suys loing, ung tel feu m'estincelle
> Que je transis, perdant force et couraige.
> Certes ! la chose est mirable et saulvaige :
> Aupres du feu geler de grand froidure
> Et loing du feu brusler par grand oultraige !
> *Cil n'est pas sain* qui telle peine endure. (XXII.)

---

[1] *Essais de littérature et de morale*, p. 49.

Avant de mourir, Villon a soin de faire ses legs ; il donne son corps « à notre *grand mère* la terre, » plaignant les vers qui n'y trouveront pas « grande graisse » tant la faim « lui a fait dure guerre ». Colin, qui se plaint de la misère et des privations, écrit que lorsqu'il sera *remis* à la terre :

Quand est du corps j'en laisse aux vers le soing (CCLIV).

Son cercueil sera :

Si ards et sec que les vers en ont peur !... (CXXXVI.)

« Avec toute cette gaieté moqueuse, Villon aime pourtant à s'entretenir de la mort et de la fragilité humaine, et même, chose singulière, une fois livré à ces idées, ce poète satirique et libertin semble ne pouvoir s'en écarter [1] ». Nous avons vu combien Colin s'attache à parler de la mort, avec respect, avec religion, dans ses épitaphes, surtout dans celle de Barthélemy du Fay. Pour lui, la mort n'est pas la fin, c'est le commencement d'une vie meilleure,

Car si la mort finist toute souffrance
Elle commence adonq joye et plaisance. (CCXXXIII.)

Il y faut constamment penser, pour se tenir prêt, car nul ne sait l'heure où la mort viendra comme un voleur, où elle prendra « en furt » (CCXLII); mais on sait qu'elle doit venir. C'est la pensée évangélique

[1] Saint-Marc Girardin, p. 49.

que nos ancêtres exprimaient toujours, en commençant leur testament : « scachant que rien n'est plus certain que la mort, et rien de plus incertain que l'heure d'icelle ».

A René Colin, son père, notre poète fait dire :

> Cet epitaphe ont non pour moi empris
> Mais pour mourir un chascun a son deu,
> Et qu'on ne soit invigilant surpris,
> Car toujours a la mort son arc tendu. (CCLII.)

Et ailleurs :

> Quand mourir fault a jour non revele... (CCLXXIX.)

> Pensons d'aller apres luy tost ou tard.

Ou bien :

> Qui bien y pense il en craint moins le mau. (CCLXXV.)

> Pensons y bien, et pour ce peu
> Mort nous sera grand avantaige. (CCLXXXVI.)

Ou encore :

> Que Dieu sans plus on doit querre confort
> Et que fol est aux hommes qui se fie... (CCXLVI.)

> Car qui bien vit, la mort lui vient a jeu. (CCLXXVII.)

C'est là le langage d'une philosophie chrétienne. Aussi Colin, de sentiments très religieux au fond, s'attache-t-il à montrer qu'il ne faut pas répandre sur nos morts des larmes stériles : le seul moyen de leur témoigner l'affection ou la gratitude, c'est de prier pour eux.

> L'oraison soit plus que le plaindre utile,

dit-il en essuyant ses pleurs, dans l'épitaphe de son protecteur, le commandeur Louis de Tinteville (CCXLII).

> Mais, quoi, la plainte et les larmes foncieres
> Rien ne me sont, et beaucoup les prieres, (CCLXV.)

fait-il dire au protonotaire Nicolas de Chateaubriand.

L'épitaphe de l'abbé de Saint-Aubin, Jean de Tinteniac, se termine par une prière :

> Jamais Dieu ne lui faille. (CCLXII.)

Celle de l'avocat Richeome, de même :

> Prions Dieu qu'il l'ait en sa grace. (CCLXIII.)

Et celle de Catherine Colin, sa sœur :

> Jesus lui soit tant piteux et begnin
> Comme sans luy noz œuvres ne sont rien. (CCLXXXIV.)

Celle de Loriot :

> Dieu luy doint grace et si bon lot
> Qu'il soit en paradis enclos. (CCLXXXV.)

Même envers ceux qu'il semblait avoir quelque raison de détester davantage et qu'il poursuivait de ses épigrammes, Colin se montre oublieux des injures, et termine ses reproches par une oraison. Nous l'avons vu : le frère Jean Boniface lui a pris ses gages à Malte, il a peine à le lui pardonner, mais malgré le peu de confiance qu'il ait en son salut, il arrête la malédiction sur ses lèvres, et il s'écrie, non peut-être sans quelque ironie :

> Prions Dieu que pardon lui fasse.... (CCLXXIII.)

Il nous a peint sous les couleurs les plus noires un mauvais chanoine de Saint-Pierre. Comment termine-t-il son épitaphe ? Par une recommandation qui paraphrase les plus pieuses pensées du *Dies irœ* :

> N'en jugeons point ; mais Dieu qui jamais n'erre
> Hors de son yre en face jugement. (CCLXXXIX.)

Ainsi, lorsque Villon, le libertin, décrit le charnier des Innocents, finit-il en bon chrétien sa tirade philosophique : « Plaise au doux Jésus les absoudre ! »

Je ne sais s'il est téméraire de penser des hommes d'imagination, des poètes notamment, ce qu'il nous faut penser des pécheresses, d'après l'Évangile, mais j'espère qu'il leur sera beaucoup pardonné, surtout à ceux qui, comme notre Colin, mettent en pratique le divin précepte : « Ne jugez pas, vous ne serez pas jugé. »

Et puis ! si Villon se plaint de n'être pas de « sens rassis », et Colin de n'être pas « sain », Platon n'avait-il pas remarqué avant eux « que le poète est chose légère », — légère et mobile, certes, bien souvent ! Le poète Horace se comparait à l'abeille, dont il avait les qualités et les défauts, le vol rapide et capricieux, le miel, — et l'aiguillon !... La nature humaine est mystérieuse. La nature de l'homme d'imagination, de l'artiste, du poète, est un abîme de mystère. Leur étude psychologique sera toujours d'une extrême difficulté, et souvent avec les documents les plus circonstanciés, le jugement risquera d'être tout à fait erroné. Nous ne jugerons donc point Germain Colin Bucher.

Et nous nous rappellerons les réflexions du vieux Montaigne, qui, frappé des contradictions trop fréquentes de la vie de l'homme, s'écrie : « Tout est si plein de tels exemples, voire chascun en peut tant fournir à soy-mesmes, que je trouve estrange de voir quelquefois des gens d'entendement se mettre en peine d'assortir ces pièces, veu que l'irrésolution me semble le plus commun et apparent vice de nostre nature...

« Non seulement, dit Michel de Montaigne, le vent des accidens me remue selon son inclination, mais en outre je me remue et trouble moy-mesme, par l'instabilité de ma posture ; et qui y regarde primement ne se trouve guère deux fois en même estat. Je donne à mon âme tantost un visage, tantost un autre, selon le costé où je la couche. Toutes les contrarietez s'y trouvent selon quelque tour et en quelque façon. Honteux, insolent ; bavard, taciturne ; laborieux, délicat ; ingénieux, hébété ; chagrin, débonaire ; menteur, véritable : tout cela je le vois en moy aucunement, selon que je me vire, et quiconque s'estudie bien attentivement trouve en soy, voire et en son jugement mesme, cette volubilité et discordance[1]. »

C'est ce que la philosophie catholique explique de son côté. Saint François-de-Sales disait : « Ce sont deux hommes ou deux femmes que vous avez en vous. N'ayez point honte de tout ceci... » Et saint Paul lui-même confessait qu'il y avait deux individus en lui, dont l'un était rebelle à Dieu et l'autre parfaitement soumis.

Ne nous chargeons donc point d'expliquer les contradictions morales que nous relevons dans les œuvres de notre poète. Ne nous occupons que de leur mérite littéraire.

Germain Colin Bucher, est un écrivain qui ne méritait point le profond oubli où il est tombé. Bien plus ! au risque d'être accusé de me passionner trop pour ses écrits, j'oserai poser cette question : son

---

[1] Montaigne, *Essais*, livre IIe, chapitre Ier.

contemporain Clément Marot est-il vraiment supérieur à Colin Bucher ? et ne lui a-t-il pas été supérieur en renommée uniquement par sa situation à la Cour, par cette « grâce » dont notre Angevin nous a déjà parlé :

Grace ! (bon Dieu !) grace de *Reine* et *Sire*. (CLXXV.)

En lisant les vers de Bucher, il ne faut pas perdre de vue ceci : notre Colin écrivait en même temps que Marot, sans doute même avant lui [1], n'ayant pour précurseurs dans la poésie moderne que Villon et Georges Chastelain. Pourrait-on se refuser à lui faire partager cet éloge que Saint-Marc Girardin accorde exclusivement à son émule : « Il y avait avant lui de la naïveté, mais une naïveté simple et ignorante qui semblait tenir surtout à l'enfance de la langue. Dans Marot, — nous ajouterons : et dans Colin, — la naïveté devient de la grâce, c'est-à-dire qu'elle ne s'ignore plus elle-même et que, par une sorte de coquetterie permise, elle n'a plus seulement le don de plaire : elle en a l'intention... Tout naïf et tout gracieux qu'il est, son ton s'élève parfois [2]. »

Ne l'a-t-on pas remarqué dans les vers que nous avons cités, notamment dans les vers à Gylon d'un naturel et d'un charme si séduisants, où l'esprit vif,

---

[1] Clément Marot naquit en 1495 seulement, et sa première poésie date de 1512 ; *l'Adolescence clémentine* fut imprimée en 1532. Colin nous dit avoir été en relations avec lui, dès avant 1529.

[2] Saint-Marc Girardin, p. 60.

alerte, pétillant de saillies, s'élève par moment à un rare degré d'énergie et d'autorité ?

Ainsi, quand il adresse ce compliment « A la plus belle de mes yeulx, Gylon :

> Si pour ung temps j'estois vous, et vous moy
> Je suis certain que ma grand loyaulte
> Feroit cesser vostre rigueur tout coy.
> Mais je n'ay pas tant d'heur et privaulte
> Avec le Ciel et vos graces, par quoy
> Souffrir me fault de vostre cruaulte.
> Mais nonobstant le deuil que j'en reçoys
> Je porteray, par especiaulte,
> Toujours ces mots en guerde de ma foy :
> Le plus grand mal pour la plus grand beaulte. (I.)

Je prends encore au hasard ce petit conte : « *Des cruaultez de Gylon.* » N'est-il pas pour plaire, dans sa gracieuse naïveté :

> Quand Narcissus se rend a la fontaine,
> Ou il mourut par sort adventureux,
> Il fut mue en florette certaine
> Dont il a loz eternel et heureux,
> Car bien souvent les bergiers amoureux
> La vont cueillir es-florissants preaux,
> Et quand et quand bergieres deux a deux
> En font boucquets, ceinctures et chappeaulx
> Qu'ils prisent plus que roynes leurs aneaulx.
> Hyacinthus ce bel enfant aussy
> Soubz accable de pierres a monceaulx
> Fut transforme par Phœbus en soucy.
> Et Adonis de beaute tant fulcy,
> Qui de Venus aymoit tant l'embrasseure,

> D'ung fier sangler fut a la mort transy
> Et converty en rouge fioriture.
> Mais toy ! Pourtant que ta fiere nature
> Au gre d'amour ne veult faire partie
> Et que tu es fiere et rebelle et dure,
> Dure seras en dur roc convertie. (xi.)

Comme cette interjection « Mais toy ! » succédant à ce joli tableau, produit un effet puissant ! Comme le ton change et arrive de la grâce du récit mythologique, par un art véritable, aux « duretés » de la fin que le poète réservait à son insensible Gylon !

N'est-il pas charmant aussi dans sa simplicité ce distique « du petit barbet de Gylon, mort en son gyron » :

> Mort m'est si doulce en ce lieu-cy
> Que vivre ailleurs mest ung soucy. (CCLXXXIII.)

Et quelle passion dans le cri de Colin qui voudrait avoir cent yeux pour mieux admirer sa belle :

> A mon vouloir que Dieu le Tout-Puissant
> Lorsque tu as aux estoilles les yeulx
> Me transmuast en ciel resplendissant
> A ceste fin que je te veisse mieulx. (XLI.)

Je demande encore quel poète, précurseur ou même contemporain de Colin Bucher — sans en excepter Marot, — mit plus d'agrément, de force et de simplicité à la fois dans ses poésies?

Ronsard, qui vint bien après lui, n'a pas traité avec

plus de charme naïf la fable de la piqueure de *Cupido et des Avettes,* imitée d'Anacréon [1] :

Quand Cupido, cet enfant impudique,
Sus Hymethus desroboit les avettes,
Les derobant, l'une tres fort le picque
Et de douleur luy faict playes aigrettes
Tant qu'il espand pueriles lermettes,
Et se complaint durement a sa mere :
— D'ou vient, dit-il, que telles bestelettes
Ont l'aguillon de picqueure si fiere ?...
A quoy Venus, en soubzriante chere,
Respond ainsy : — Et toy, mon enfant doulx,
Qui es petit, fais-tu pas playe amere
Blessure a mort, et non sanables coups ?

Mais il faudrait tout citer, et ce n'est pas possible ici. Lorsqu'on aura lu l'œuvre entière de notre Angevin, on conviendra, comme nous, que les poésies de Germain Colin Bucher ont un mérite plus rare qu'on ne croit : elles sont écrites comme elles ont été senties, quelquefois comme elles ont été vécues. Nous n'avons point là, devant nous, un rimeur à gages qui cherche à amuser ou à flatter de grands seigneurs, en échange de beaux deniers comptants. Hors la cour d'amour, Colin a horreur des cours et des fadeurs qui s'y disent en vers et en prose. Le ton de ses compositions est naturel, également éloigné des duretés et des obscurités choquantes de l'ancienne versification et des pastorales de princes, loin des chansons

---

[1] Le musée d'Angers, n° 794, possède un beau tableau de Bonboulogne, legs de M. H. Goury, où ce même sujet est traité, sous le titre *l'Amour piqué.*

qu'accompagnait plus tôt, sur un luth d'or, aux armes royales, Charles d'Orléans, loin encore des mignardises de son contemporain Mellin de Saint-Gelais.

Sa langue est une langue originale, personnelle, qui ne craint pas de s'affranchir des lois trop sévères et des conventions trop étroites.

S'il eût vécu de nos jours, à Paris, il eût certainement pu prendre place dans ce milieu que Georges Sand et Murger ont appelé « la Bohême. » — « *Vela que c'est !* » Telle est la devise qu'il a choisie, et qui peint toute l'indépendance de son caractère affranchi des préjugés et des servitudes, insouciant même de la gloire, comme l'ont remarqué Ménard et Pocquet de Livonnière.

Il occupe une place à part entre Villon, le poète de la rue, et Clément Marot, le poète de la Cour.

Lorsqu'on lit ses compositions on sent qu'il y a chez lui une verve franche, et qu'il écrit quand lui vient l'inspiration. Il n'est point de ceux qui s'essoufflent à chercher des mots et des rimes destinés par leur cadence à donner l'illusion de pensées absentes.

D'une simplicité qui n'est point exempte de grandeur ni de délicatesse, Colin Bucher sait être vif, spirituel, mordant, sans méchanceté ; sa vigueur est parfois de la colère, ce n'est jamais de la haine ; ses traits sont souvent singulièrement acérés, jamais ils ne sont empoisonnés. Si la passion se montre en ses vers, et si même la jalousie du succès d'illustres rivaux perce un jour chez lui, la générosité de son tempérament impressionnable arrête ces mauvais sentiments le jour où le rival heureux se voit injustement attaqué.

Tour à tour émue et railleuse, vive et délicate, spirituelle et gracieuse, la langue du poète angevin paraît plus avancée que la langue de la majorité des écrivains de son temps. Elle est plus claire aussi. Colin ne dit que ce qu'il veut dire :

Jean Bouchet a raison de vanter son

...style melliflu
Ou n'y a rien perdu ne superflu.

Colin évite presque toujours les répétitions de mots, les accumulations d'épithètes, l'abus de l'allitération, si fort à la mode au commencement du XVI° siècle ; il parle avec l'élégance et la netteté que permettait alors le degré de formation du français.

Avec les moyens dont il pouvait disposer, en son temps, Colin Bucher a su montrer dans l'élégie beaucoup d'esprit et beaucoup de goût, une gentillesse aimable, un sentiment des nuances qu'on ne trouverait peut-être au même degré chez aucun de ses contemporains, sans en excepter Clément Marot.

Dans l'épître, son badinage n'est presque jamais trivial — à de rares exceptions près ; — et quel enjouement, quelle ingénuité, quelle couleur, et que de sel gaulois dans cette naïve langue angevine à laquelle Rabelais fit de si pittoresques emprunts [1] ! On peut appliquer à Colin le mot de Boileau sur Homère :

Dans son vieux style encore a des grâces nouvelles.

---

[1] François Rabelais demeura quelque temps à la Baumette, aux portes d'Angers.

Ce n'est pas à dire que la poésie de Colin Bucher soit sans défauts. On le verra, quelques-unes des pièces que nous reproduisons ne méritent pas les mêmes éloges. Mais il importe de ne point prendre pour des fautes ce qui était licite au commencement du xvi⁰ siècle : ainsi l'hiatus, l'ignorance de l'élision, ce que Marot appelait « la coupe féminine » — contre laquelle son maître, Jean Le Maire de Belges, s'élevait déjà en vue du perfectionnement du rythme, mais qui ne sont des fautes que par le sentiment d'une plus parfaite harmonie [1]. Ainsi encore de l'enjambement permis au xvi⁰ siècle, interdit depuis, et aujourd'hui remis à la mode, jusqu'aux pires abus.

Comme les vieux auteurs, Jean de Meung et Martin Franc, par exemple, Colin Bucher ne se gêne pas pour estropier les mots selon les besoins de la rime ou de la mesure : il fait ainsi rimer *homs* (pour *hommes*) avec *bons* (CCLXII), *flamme* avec son composé *enflamme* ; il use de la rime normande *cher* avec *lascher* (V), *soleil* avec *œil* (XXIII). Marot ne se gêne pas plus que lui, d'ailleurs. Et à une époque où l'orthographe n'était pas fixée définitivement, cette licence était explicable.

Quant à la mesure, il faut aussi tenir lieu des différences de temps et de règles [2]. Tel mot, au commencement du xvi⁰ siècle, comme *eaue* (LXXI), comptait au besoin deux syllabes, de même *veoir* et *veoit* (XCI), *veid* (XXX), même *vait* (XL) que l'on prononçait

---

[1] Dans le n⁰ XX on trouve l'exemple d'une voyelle élidée « ymagée et empraincte », en même temps que deux hiatus où les deux *ée* sont comptés pour deux syllabes « estimé-e ».

[2] La pièce XXIII entr'autres a deux vers correspondants d'une mesure inégale, l'un de dix pieds, l'autre de douze.

vraisemblablement *vé-ait* ; au contraire, tel autre mot écrit en deux syllabes, *grief, brief,* dans les vers de Colin Bucher, riment avec *chef* et *meschef,* ce qui prouve indubitablement que, si l'on prononçait déjà, comme on l'écrit aujourd'hui *bref* pour *brief,* on prononçait aussi *gref* pour *grief,* resté dans l'orthographe actuelle [1].

Comme Marot, Colin Bucher n'employa point les rimes masculines et féminines alternées. Il ne faut pas l'oublier, ce n'était alors qu'une hardiesse poétique, et Joachim du Bellay s'en plaignait quelques années plus tard dans son *Illustration de la langue françoise* (1549), comme d'une nouveauté que l'on tentait d'introduire dans la poésie.

Presque toutes les petites pièces de Bucher roulent, comme les rondeaux, sur deux rimes uniformes, parfois sur des rimes toutes féminines.

La critique littéraire et la philologie pourront faire d'autres remarques. Nous devons nous arrêter ici.

La perte définitive des poésies de Germain Colin Bucher eût été fâcheuse. Combien d'autres pièces,

---

[1] Jean Palsgrave, dans *l'Esclaircissement de la langue francoyse,* publiée en 1531 (et réimprimé en 1852 dans les *Documents inédits de l'histoire de France,* p. 10), prétend qu'on fait entendre l'*i* et l'*f* de *brief*. Mais c'est une preuve de plus qu'il ne faut pas toujours s'en rapporter à ce grammairien, d'origine anglaise. L'ancienne langue, comme le remarque Littré, et comme le prouvent les poésies de Marot et de Colin Bucher, faisait de *brief* un monosyllabe.

publiées et réimprimées déjà leur sont de beaucoup inférieures ?

En faisant connaître aujourd'hui ces œuvres oubliées depuis trois siècles et demi, j'espère ajouter quelques pages à la chronique de l'Anjou ; j'espère aussi apporter un précieux document à l'histoire des origines et des développements de notre langue nationale [1].

Joseph DENAIS.

[1] Nous avons cru devoir respecter scrupuleusement, même dans l'absence d'accentuation, l'orthographe du manuscrit de la Bibliothèque nationale, suivant les exemples et les conseils de la critique la plus autorisée. Nous ne nous sommes écarté de cette règle que pour la ponctuation et pour les tirets. Le manuscrit de Germain Colin n'a presque aucun signe de ponctuation : les phrases sont à peine coupées par une lettre ornée, par un trait rouge, plus rarement par un point, ou un point et virgule. La lecture des poésies de Colin eut été par trop pénible dans ce livre si nous n'avions pas mis de signes de ponctuation. Ainsi, M. Jannet, dans sa *Bibliothèque elzévirienne* (t. I, p. VIII, éd. de 1867) reconnaissait-il que la ponctuation « était à refaire entièrement [dans Rabelais], comme dans tous les vieux auteurs ». C'est la même raison qui nous a déterminé à indiquer par des tirets les changements d'interlocuteurs, quoique ce signe fût inconnu du XVIe siècle et même du XVIIe, puisque c'est dans les *Contes moraux* de Marmontel qu'on les a pour la première fois employés.

Nous avons joint à cette publication un glossaire qui permet de se reporter au texte même du poète, facilite l'intelligence de ses œuvres, et fournit d'utiles indications aux lexicographes.

PROLOGUE

Lisant ung jour es hautz faictz de Virgile
Et ruminant son stile imperial,
Desir surprint ma pensee fragile
D'aller cercher et a mont et a val
Le sacre fons faict d'ung pied de cheval [1],
Ou Helicon [2], la fontaine azuree,
Pour m'y laver de grace especial ;
Car qui se lave en eau si espuree
Science aquert divine et honoree,
Comme Virgile, et peult les cieulx comprendre.
Mais las ! Phoebus a la barbe doree
Voyant d'enhault que son eau voulois prendre
Pour en gouster, sans plus m'alla deffendre
Et prohiber le goust de la boyture ;
Dont honte et dueil me vindrent tant surprendre
Que longtemps quis au centre sepulture.
Mais puys Venus, d'amoureuse nature,

---

[1] La fontaine d'Hippocrène qui jaillit sous les pieds de Pégase.
[2] Montagne de Béotie, séjour des Muses, et domaine du Soleil.

Prenant pitie de mes griefs [1] et labeurs,
Me dist : — Colin, va prendre nourriture
En ma fontaine et boy de ses liqueurs.
Ce que je feis, mais Dieu quelles doulceurs !
Elles estoient, pour vous le dire en brief,
Pleine de fiel, de venin et d'aigreurs,
Dont a present je chante mon meschef
Et suys contrainct, qui mest ung tres grand grief,
De racompter mes faultes et mes hontes
Comme on voirra cy-apres chef a chef.
Amours ainsy me tient dedans ses comptes

I

A la plus belle de mes yeulx, Gylon

Devant les dieux de clemence et concorde
Et devant toy, fille non comparable,
De qui mon ame attend misericorde,
Je fais ung vœu solennel et durable.
Que la grand grace en ton corps admirable
Ne me fait point poursuyvir ta mercy,
Non ta beaulte sus Helene exemplable,
Non ta maison, non ta richesse aussy ;
Mais tes vertus sans plus me font transy
Et telle amour en mon cueur ont esprise
Que je n'ay rien, fors toy seule, en soucy ;
Seulle tu es que j'honore, ayme et prise.

---

[1] Grief n'avait comme brief qu'une seule syllabe. Dans le manuscrit, *meschef* et *chef a chef* sont bien écrits comme nous les imprimons ici.

Ayme moy doncq : point n'en seras reprise,
Car mon amour vient de bon jugement
Qui conduyra l'amoureuse entreprise
Par les secretz de doulx allegement.

II

A Gylon

Si pour ung temps j'estoys vous, et vous moy,
Je suys certain que ma grand loyaulte
Feroit cesser vostre rigueur tout coy;
Mais je n'ay pas tant d'heur et privaulte
Avec le Ciel et voz graces, par quoy
Souffrir me fault de vostre cruaulte.
Mais, nonobstant le dueil que jen reçoy,
Je porteray par especiaulte
Tous jours ce mot en guerdon de ma foy :
Le plus grand mal pour la plus grand beaulte.

III

A quelqu'une

Je m'esbahis comme Amour vaincq les cieulx
Et qu'il ne peult vaincre ceste pucelle !
Mais plus encore est cecy merveilleux
Qu'en descochant ses fleches dessus elle,

Le coup respond sur mon corps en cent lieux ;
Je croy que c'est mon cueur qui se ruelle
En sa poytrine, offense de mes yeulx.
Et quand Amour sur le sien se rebelle
La fine alors mect le mien entre deux
Et contre luy en faict targe et rondelle.

IV

Pour quelqu'une. A ung quidam

Treves d'amour ! vrayment je les vous jure
Et vous promect jamais ne les enfraindre,
Joyeuse plus du dueil que j'en endure
Que plus daignez si faulx amant contraindre ;
Vray, si fussez penitent de l'injure,
Comme j'ay bien grand raison de me plaindre,
Je poursuyuroys vers vous mon adventure
Digne de vous et de plus hault attaindre.
Mais quoy ! mon cueur vous congnoist si parjure
Que plus vous doy amy que ennemy craindre.

V

A Gylon difficile a entamer

Voullant scavoir combien tu m'avoys cher
Et quelle foy a ta grace estoit joincte,

Six mois y a, j'allay mon cueur lascher
Par devers toy, pucelle gente et coincte ;
Mais du depuys, je croy quil desapoincte,
Son propre corps vers moy n'est revenu
O doulx houstel que le tien qu'il acoincte
Quand du retour ne luy est souvenu.
Je pensay lors qu'il estoit bien venu
D'estre si long ; mais l'amoureux desir
Qui est de soy souvent circonvenu
Pour ne povoir sus ferme espoir gesir
Ne sceut au vray s'il a dueil ou plaisir.
Par quoy, estant en doubte incessamment,
Je te transmys apres en desplaisir
Ung doloreux et dur gemissement,
Lequel tu as surpris pareillement
Jaçoit qu'il soit plusieurs foys retourne
Cerchant tousjours du cueur l'hebergement,
Mais il ne sçait ou tu l'as destourne.
Dont mon corps est a tel poinct atourne
Que peu s'en fault que tes graces n'en blasme
De l'avoir tant sans me veoir sejourne.
Souvent luy quers : que faict Gylon ma dame ?
Que faict mon cueur ? Rien ne respond ; je pasme.
Or maintenant je transmectz et envoye
Par devers toy et luy ma dolente ame ;
Que si ta grace au loing tant la desvoye
Qu'en gay retour jamais l'on ne la voye
Soudain mourray, je suys desja transy.
O malheureux celluy qu'Amour fourvoye
En la beaulte de femme sans mercy !

VI

A Gylon

Tu le sçays bien que tu es rigoreuse,
Mais de quant plus tes attraictz sont rebelles,
Tant plus je voy ta grace plantureuse
Attraire a soy choses bonnes et belles.

VII

L'acteur de luy

Pleurant je vins sur terre, et en pleurs je deffine ;
Tout mon vivre est ennuy, soing, soucy, peine et pleurs ;
Et tout ainsy que l'or par le long temps s'affine,
En vieillissant aussy s'accroissent mes douleurs.

VIII

Gylon, larronnesse d'Amour

Amours dormant soubz ung palme flory,
Onc luy roba son arc, traictz et pherestre.
A son reveil il est triste et marry ;
Il pleure et crie et ne scet qui peult estre

Qui l'a deçeu, ou celeste ou terrestre.
Venus adonc luy dit : Cesse tes larmes,
Le pleur ne siet aux yeulx d'un si grand maistre.
Resjouys-toi, Gylon a pris tes armes,
Tu les rauras, car bien scet faire alarmes
Sans le secour de tes fleches querir ;
Point ne luy fault flammeaux, dartz ou guisarmes
Pour les amans gangner et conquerir,
Car des yeulx peult les brusler et ferir
De voix, de main, d'estomach, fronc, alleure
Ailleurs n'en veulx qu'a toy men enquerir
Qui es tout sec et mat de sa brusleure.

IX

A Gylon

Jadis vivoys, mais maintenant je meurs,
L'ame, voulant estre en mon corps naisve,
M'a delaisse et prend son siege ailleurs.
Si desormais tu veulx qu'en terre vive,
Tourne la moy, la dolente et chetive,
Ou, en son lieu, la tienne pour eschange,
Que me sera trop plus consolative,
En ce faisant, o belle comme ung ange !
Tu me rendras a moy, toy a toy : change
Que nous soyons joincts d'une amour semblable.
Si tu remains impiteuse et estrange
Et tu ne veulx jamais estre amyable,
Tous deux nous perds, moy, car d'amour feable

J'ayme trop fort, toy, car tu n'aymes point.
Et de quant plus amour est estimable
Que haine n'est ; si amour l'amant poinct,
Par ton deffault, jusques au mortel poinct,
Tant plus tu es à blasmer et reprendre.
Helas ! je suys pour t'aymer mal en poinct,
Dont ne t'en chault : ainsy t'en puisse prendre.

X

A Cupido

Tu es ung Dieu, si de pareilles fleches
Gylon et moy sentons une blessure.
Tu n'es pas Dieu, car en cela tu peches
Que je suys seul malade de larsure.

XI

Des cruaultez de Gylon

Quand Narcissus se veid en la fontaine,
Ou il mourut par sort adventureux,
Il fut mue en florette certaine
Dont il a loz eternel et heureux,
Car bien souvent les bergiers amoureux
La vont cueillir es florissans preaux,
Et quand et quand bergieres deux a deux
En font bouquetz, ceinctures et chappeaulx

Qu'ilz prisent plus que roynes les aneaulx.
Hyacinthus [1], ce bel enfant aussy,
Soubz accable de pierres a monceaulx,
Fut transforme par Phoebus en soucy.
Et Adonis, de beaulte tant fulcy [2],
Qui de Venus aymoit tant l'embrasseure,
Dung fier sangler fut a la mort transy
Et converty en rouge floriture [3].
Mais toy! Pourtant que ta fiere nature
Au gre d'amour ne veult faire partie,
Et que tu es fiere, rebelle et dure,
Dure, seras en dur roc convertie.

XII

A Gylon

Tout mon esprit s'esgare par mes yeulx
Quand je te voy. Et lors je fais priere
D'estre un Argus, pour te regarder myeulx;
Mais je deviens aveugle et sans lumiere.

---

[1] Hyacinthe transformé en fleur de souci.
[2] Adonis « de beauté si pourvu », qui fut changé en sanglier.
[3] Allusion à la petite fleur rouge pourpre, fort commune dans les blés, et que, d'après la Fable, Adonis, blessé, aurait teinte de son sang.

XIII

La Comparaison [de] Gylon

Jadis Paris veid troys deesses nues
Belles assez pour esblouir Amours :
Et j'ay aussy troys deesses congneues
Dont la splendeur peult les nuictz faire jours.
Mais, plus grand cas, les troys que je recole
Sont en ung corps. Gylon en tous ses tours
Semble a Juno. Et en digne parolle
Pallas n'a point de quoy myeulx faire escolle.
Quand elle rid, c'est Venus toute belle,
Et plus de gens de son ris elle affolle
Qu'Amour ne faict de sa darde rebelle.

XIV

Dicton

Trop se deçoit qui cuyde Amour ung dieu :
Les dieux sont bons, Amour faulx en tous lieu.

XV

A la dureté [de] Gylon

Le feu mollist le fer et l'eau la roche cave, [tendre [1].
L'aymant aussy devient, par sang doulx, simple et

---

[1] C'était une croyance commune en ce temps que l'alchimie obtenait l'amollissement des pierres d'aimant par le sang.

Mais ceste dame-cy est plus dure et plus grave
Que fer, aymant ni roc, car pour veoir flamme esprendre,
Pour larmes ny pour pleurs, dont ma face je lave,
Ny pour mon sang coulant, doulce ne se veult rendre.

XVI

Dialogue plus pour que contre Gylon

Mon compagnon pourquoy ards tu ainsy ?
— Quand je fus ne, Venus estoit marrie
Que ses flammeaux m'alayna sans mercy,
Dont maintenant dessoubs sa seigneurie
Mon ame est serve et toute alengorie :
Voila pourquoy. — Mais dy qui est ta mere ?
— Larme en douleur distillee et tarie.
— Ton pere quel? — Ardeur aspre et severe.
— Quelle nourrice ? — Amaritude amere.
— Et de quel laict as tu pris nourriture ?
— De vent d'escorce et d'espoir improspere.
— Qui t'appris a parler en ornature ?
— Fureur d'amour m'en a faict ouverture.
— De quel habit recouvres tu ton corps ?
— De pacience, autre n'ay couverture.
— Que cerches tu ores en ces abors ?
— Que mort me mecte au nombre de ses mors.
— Quel est ton chant ? — Des passions mortelles.
— Comment vis-tu ? — Miserable en tous sors.
— Seront tousjours tes douleurs si cruelles ?

— Je croy que sy. — Qui cause peines telles ?
— Amours maling tout seul mes maulx conspire.
— Et qui diroit a Gylon ces nouvelles ?
— Bien les entend, mais elle m'en est pire.

XVII

De deux damoyselles de ma dame d'Avaugour, nommees Avoir et Do [1]

Avoir est une bonne chose
Et pour Avoir chascun s'employe.
En Do grand grace se repose
Et par Do rigueur besse et ploye.
Avoir a cueur et grands cas ose.
Do cerche honneur et s'en esmoye.
Et qui Avoir ayme sans Do

---

[1] La baronnie d'Avaugour (Bretagne), après avoir été possédée par les maisons de Bretagne, de Châtillon et de Brosse, fut donnée par François II, duc de Bretagne, à son fils naturel François, mort en 1494. Mais il s'agit plus probablement ici de Françoise Renier, dame du fief et seigneurie d'Avaugour (*alias* la Grise), en Anjou, qui s'étendait sur la paroisse de Louresse-Rocheménier, et tenait son nom du chevalier Jean d'Avaugour, au xv° siècle. (V. Cél. Port, *Dictionnaire de Maine-et-Loire*, tome II, p. 313.)

Le fief d'Avoir appartenait au temps de Colin Bucher à la famille de Montbron. Il était situé paroisse de Longué (Maine-et-Loire).

A la maison d'O (Normandie) appartint le sous-intendant des finances, François, marquis d'O, né à Paris, en 1535, mort en 1594.

Il trouvera en toute voye
Dur adversaire Cupido.

XVIII

Aultre

Avoir et Do different en leur grace
Car Do ne peult triumpher sans Avoir.
Do prie Amour; Avoir le prend d'audace.
Mais Avaugour, dame a ramentevoir
Les mect d'accord, et en ung les enlace,
Car les vertuz qu'on peult en elle veoir
C'est ung Avoir de supreme efficace.
L'exemple après qu'elle en donne pour voir
C'est un grand Do, c'est d'honneur la préface.
Dieu la conserve et la vueille pourvoir!

XIX

Sur troys oraisons de Cicero, translatees en françoys. A l'esleu d'Angiers le Devin [1]

Monsieur l'esleu, j'ay veu les oraisons
Que me donnez pour mon lart pennatau [2]
Et pour en dire, il y a des raisons
Pour esmouvoir le ciel, l'air, terre et l'eau.

[1] Sur Antoine Le Devin, élu d'Angers, voir l'Introduction, p. 43-44.
[2] Sic.

Mais la ligaire excellente faisons
Plus que tout l'or du monde en ung monceau,
Car ses couleurs vivent toutes saisons
Et le subject nous semble le plus beau,
Tant que vers nous vostre obly excusons ;
Mais qu'on vous voye au moins, ce renouveau.

XX

De Gylon

Jehan de Paris [1] voullant paindre ung naif
Cerchoit a veoir ton precieux corsaige,
Lors je luy dis. — Veux-tu le paindre au vif ?
Paings ung dragon devorant par oultraige
Ung humain corps ; paings un lyon en raige ;
Tire serpens gectans poison mortelle ;
Pourtray la mer en turbulent oraige ;
Paings ung escler, fouldre, tonnerre et gresle :
Gylon est telle encores plus cruelle.
— Cela ne quers, dist-il, mais sa figure
Qui est au monde estimee tant belle ?
Sur ce, luy dis : — Pour la mectre en paincture
Tu as en moy trouve bonne adventure,
Car en mon cueur elle est vivement paincte
Et qu'ainsy soit, fais en une ouverture
La la voirras ymagee et empraincte.

---

[1] Jean Perreal, dit Jean de Paris, peintre de Louis XII et de François Ier, né à Lyon vers 1463, mort après 1522.

XXI

Propos de l'Acteur et Gylon

Jusques au fons d'Amour je contemploys,
En contemplant lors Gylon me vint dire :
— Cerche aultre part desduyt qui pour toy ploye,
Ton fol penser n'engendre que martyre !
Croy que mon cueur a ton voulloir ne tyre :
Tu sembles cil qui l'eau et vent veult prendre
De crible et rehtz, et nul des deux attire.
Tu ne fais rien ; myeulx te seroit aprendre,
Lorsque tu as jeunesse doulce et tendre,
Grec et latin et la langue hebraique ;
Tu as assez d'esprit pour y entendre.
Delaisse doncq ces flammeaux, et t'aplique
A recepvoir doctrine evangelique.
Fay reflorir par estudes Thalie
Et laisse la ton langaige gallique ;
Fuy le project d'amoureuse folie
Et desormais ta veine se ralye
A faire escriptz de plus digne memoire.
Fay que toy vieulx tu n'ays melencolie
Pour doulx repos, et deshonneur pour gloire.
Pense au futur ! Si tu veulx Gylon croire,
Ce que tu fais maintenant sent son feu
Plus que ne faict une gregoyse hystoire. »
Lors je lui dis : — O Dame de grand preu

Tu me dis vray, mais je voue un seul dieu
Que ta beaulte me contraint à t'aymer
Et tes vertus illustres, en tout lieu.
Si ainsy n'est, je puisse a mort pasmer.

XXII

De Gylon

Quand je suys pres de Gylon la pucelle,
Je deviens froid plus que marbre ny naige ;
Quand je suys loing, un tel feu m'estincelle
Que je transis perdant force et couraige.
Certes ! la chose est mirable et saulvaige,
Aupres du feu geler de grand froidure,
Et loing du feu brusler par grand oultraige !
Cil n'est pas sain qui telle peine endure.

XXIII

De la clarte de ceste Gylon

Quand Gylon vient chez moy, fust-il nuict noire,
Toute chose y reluist comme le beau soleil ;
Et quand elle s'en va, fit-il cler comme yvoire,
Tout y devient obscur et ténébreux à l'œil.

XXIV

De Gylon. — Louenge a ung painctre

Que paings- tu la, quelle forme d'oyseau ?
— Voy tu pas bien, c'est Amour, dieu des dieux.

— Tu te deçoys, ouste luy ce flammeau,
Ses aslerons, et descouvre ses yeulx,
Tu ne fais rien qui ne soit monstrueux :
Il n'a point d'arc, de trousses, ny de traictz,
Il ne va point ainsy, ni en tous lyeux ;
Sur luy ne porte impudicques actraitz
Et n'est enfant. — Dy moy donc les pourtraictz :
Comment fault-il le dieu d'Amour pourtraire ?
— Va chez Gylon, et remire ses traictz ;
Puys, toute nue, ycy la viens extraire.

XXV

Contre Drusac et son livre [1]

Drusac dit bien des femmes, et bien mal ;
Le bien qu'il dit est pris en bonne escolle
Dont il n'est pas l'inventeur principal,
Et le bien mal vient de sa teste folle.
Apres bon vin, comme on dit, bon cheval,
Despit d'Amour le mist en ceste colle :

---

[1] Il s'agit ici des *Controverses des sexes masculin et féminin* (par Gratian du Pont, seigneur de Drusac), livre qui fit beaucoup de bruit en son temps. L'édition de 1539 se fait l'écho de ces polémiques dans la « Requeste du sexe masculin : contre le sexe féminin. A cause de celles et ceux qui medisent de l'autheur du Livre... baillée à dame Raison, ensemble le plaidoyer des parties et arrest sur ce intervenu. » In-16, fig. sur bois. (Un exemplaire de cette plaquette rare a été vendu 165 fr. en 1867, à la vente N. Yemeniz.)

Pardonnez luy, de grace especial,
Car penitent et triste il s'en desole,
Congnoissant bien son livre bestial
Dont l'ancre put, papier, plume et parolle

XXVI

A Gylon

Desrobez-vous quelque quart d'heure
Et si vous plaist venez nous veoir.
Vous sçavez, qui attend labeure
Et dueil, sent de plaisir avoir.
Troys jours y a que je demeure
Pour vostre grace recepvoir ;
Mais aultre bien je n'en saveure
Synon mes ennuytz decepvoir.
O cueur mys en pouvre demeure
Qui pert a faire son debvoir !

XXVII

A l'honneur de Gylon

Cil qui premier mist Amour en paincture
N'avoit la main bonne ny l'esprit saige :
Celluy n'est point ung enfant de stature
Qui le dieu Pan surmonte en tout passaige,

A qui les cieulx, terre et mer font hommaige.
Je ne croy point cestuy la sans lumiere
Qui de l'arc use à son franc arbitraige.
Possible est il qu'ung homme a son gre fiere
Sans ung regard plus luysant que voirriere ?
Mais direz vous que cil par les airs volle,
Qui de mon corps faict toujours sa littiere ?
Entre mon cueur et ma pensee molle.
Nud ne sera qui despouille et affolle
Hommes et dieux ; le pouvre seullement
Pour le deffault de robbes se desole.
Mais qui vouldra paindre Amour droictement
Paigne Gylon, car soubz le firmament
Il n'y a point de patron plus insigne :
En face, en corps, en beau contenement,
En faictz, en dictz, c'est Amour en tout signe.

XXVIII

De Gylon, petit myracle

Amours alloit ; arme a l'avantaige
D'arc et de trousse, et dardant estincelle,
En fourrageant mainte ville et villaige,
Il rencontra Gylon, la damoyselle.
Ha ! dist-il lors, voicy ung beau pillaige
Ou nous aurons une peine nouvelle.
L'arc il entoise, et par force sommiere
En approchant cuyda navrer la belle.

Mais des yeulx d'elle yssit une lumiere
Qui embrassa ce dieu de telle sorte
Qu'il en perdit sa puissance premiere
Et confessa Gylon estre plus forte.

XXIX

A Cupido

Pourquoy fuis-tu le ciel pour terre moins fertile ?
Le ciel est ton pays. — Il est vray, mais aux cieulx
Deesse n'y a poinct si belle ny gentille
Comme dame Gylon, ny que j'aymasse mieulx.

XXX

De Cupido, Jupiter et Gylon

Quand Jupiter Gylon veid ainsy conjoincte,
Il ayma tant que tout son sceptre enflamme.
Lors Cupido il appelle et acoincte
Lui enjoingnant que de pareille flamme
Il embrasast le cueur de ceste dame,
Tant qu'il en eust briefvement jouyssance.
Amour respond : — Pardonne moy, je l'ame ;
Tu n'auras point secours de ma puissance,
Cerche aultre part ton desduict et plaisance,
Car premier suys pourchassant sa mercy :
Les creux rochers t'en feront resonance
Qui ont congneu mes pleurs et mon soucy ;

La terre et lune en sont tesmoings aussy.
— Quand Jupiter ces choses entendit
De jalousie il devint tout noircy
Et par courroux l'enfant apprehendit.
Mais Cupido si bien se deffendit
Qu'il eschappa de ses mains, et tant erre
Que droictement ches Gylon se rendit;
Et luy, craignant la fouldre et le tonnerre,
En sa poictrine il se cache et enserre,
Et en ses yeulx il mict ses traicts en garde,
Disant: Voycy bon rampart pour ma guerre,
Ou je seray en seure sauvegarde.

XXXI

A Gylon. Exhortation

Ne te fie aux humains, ma gentille Gylon,
Toute chose cree au monde n'est que son.

XXXII

A Gylon. — Reproche

Pallas, pour ses vertus, est deesse honoree.
Juno, pour ses grands biens, a une eternite.
Venus, pour sa beaulte, en Cipre[1], est adoree.
Et Diana aussy, pour sa virginite,

---

[1] Chypre.

A temples et honneurs de chaste immunite.
Or toy, dont la vertu est au monde myrable,
Qui es et riche et belle en toute infinite,
Et de pudicite a Diane es semblable,
Que n'as tu sacrifice et autel venerable ?
La cause est bien, la sçay ; et dire je la veulx :
Tu es dure et cruelle, et toute impiteable,
Vela pourquoy tu n'as temples, cierges, ny veux.

XXXIII

A Gylon. — Remonstrance

Mais pourquoy penses tu estre femme immortelle ?
Ouste premierement l'impitie de ton cueur,
Car pour estre impiteuse et pleine de rigueur
Et fusse tu des cieulx, on te dira mortelle.

XXXIV

A Monsieur du Jau, Maistre Baudoyn du Fay [1]

Si vous m'oubliez, de par dieu,
Il vault myeulx que par le diable ;
Mais vous ne yrez jamais en lieu
Ou l'oubly ne soit reprochable,
Car une promesse de peu
Ne doibt point estre repentable,

---

[1] Voir la note de l'Introduction, p. 53 ci-dessus.

Et fault qu'amour tue son feu
Quand le bon sang n'est secourable.
Mais j'ay tort, une faulte, en jeu,
A deux bons coups est reparable.

XXXV

De Gylon et de moy

Gylon se veid si au vif ymagee
Qu'il ne restoit rien plus que le languaige.
Lors, de couleur rougissant et changee,
Elle demande ou le painctre tant saige
Peult avoir veu descouvert son corsaige.
Je luy reponds : O tres pudique Dame !
Oncq il ne veit ton corps ny ton visaige;
Mais il a pris le patron dedans l'ame
D'ung vray amant, qui en ton amour pasme
Et a conçeu ta forme en sa pensee.
Cest los au painctre, a moy dolente flamme,
Grant joye a toy, de toy mal compensee.

XXXVI

De Gylon

Combien qu'Amours pesantement sommeille
Nully pourtant touscher ses armes ose,
Car quoy Gylon en prend garde et le veille,
Qui fiert pour luy, alors qu'il se repose.

XXXVII

Plaincte contre Gylon

La voyez vous enflee et glorieuse
De sa beaulte par sus toutes esleue !
La voyez vous superbe et dedaigneuse
Pour ce qu'on dit quelle a grace et value !
Quand je l'honore, en passant ou salue,
Et le bon jour humblement je luy donne,
En son desdain elle est si resolue
Qu'un tout seul mot ne me respond ou sonne,
Bien me perçoit, mais elle m'est tant bonne
Quelle s'en mocque. O Dieux plains de pitie,
Je vous supply que beaulte l'habandonne
Qui l'andurcist a tante inimitie.
Accelerez ses ans sus la moytie ;
Brouillez son tainct ; soit sa face ridee ;
Courbez son corps, refusant amytie
Affin que gloire en soit toute vuydee.

XXXVIII

Justes interrogations. — A Cupido

Si contre nous tes dards sont si puissants
Qu'ilz nous font tous tremblans et fremissantz,
Si toute chose a ta vertu s'encline,
Si Jupiter soubz ta force recline,

Et Apollo est vaincu par tes dards,
Si ton pouvoir faict trembler le dieu Mars,
Dy nous pourquoy tu uses de cautelle ?
Sont tes traictz, jeux ? Et ta maniere telle
Qu'armer te veulx pour vaincre les gens nuds ?
Tous hommes sont par toy circonvenus
Cault ou non caultz ? Arme, aux gens sans armes,
Tu faictz assaulx et si chaudes alarmes,
Qu'homme n'y a qui n'en sente douleur :
Fais tu cela pour monstrer ta valeur ?
Assez croyons que d'art et de puissance
Il n'est vivant qui te face nuysance.
Dy pourquoy doncq tu portes latz et rethz ?
A duc, arme de lances et de trectz,
Liens ne sont propres n'y convenables ;
C'est aux venneurs que les rethz sont sortables :
Mavors [1] s'en mocque, et Apollo aussy,
En te voyant trainer liens ainsy.
Si, par les cieulx, sus la mer et en terre,
Aux dieux tu veulx et aux hommes, la guerre,
Pour apparoir hardy, preux et vaillant,
D'aultruy baston ne sois point bataillant ;
Laisse les rethz a gens de vennerie,
Car duictz ne sont pour la chevallerie.
A cil qui a le cueur sis en bon lieu,
Il ne fault point faire emprunct d'autre espieu ;
Sa vertu propre assez force luy livre
Sans decepvoir le bien que l'on doibt suyvre.

---

[1] Mavors, c'est le même que le dieu Mars.

XXXIX

Douleur d'Amour despite les medicins

Toutes douleurs humaines sont gueries
Par medicine et son noble artifice ;
Mais Amour seul, en ses chauldes furies,
Hait medicins et blasme leur office.

XL

Comparaison de Gylon

Sept Signes sont parmi les cieulx errans,
Lesquelz aussy sont ou corps d'une dame
Tous ymagez et au vif apparans.
Comme Phebus reluist en doulce flamme
Pareillement ceste gentille femme ;
Telle splendeur gecte de son beau vis
Que tous voyans elle esbloye et enflamme
Et si les rend en son amour ravis.
Mercurius, pour eloquentz devis
Est decore. Et ceste est tant courtoise
En son parler instruict, de bon advis
Que toute rien difficile elle acoise.
Venus, au ciel soir et main s'aprivoise,
Et belle appert par grand speciaulte.
Mais ceste cy, qui bien la mire et poise
Est en tous temps de plus digne beaulte.

Mars amoureux se lieue en cruaulte.
Elle est aussy en amour indomptee
Et n'en hait [1] l'accueil et privaulte,
Se disent ceulx qui pour ce l'ont hantee.
La Lune aussy de couleur argentee
Se monstre a nous trop plus froyde que glace.
Et ceste dame a la poictrine entee
D'un cueur si froid qu'Amours en fuyt la place.
Puis, Jupiter, de sa divine face,
Avec le ciel mect la terre en liesse.
Et ceste cy, de son œil plein de grace,
Serene l'air et le beau temps y dresse.
Saturne, apres d'une triste vieillesse,
Est tout courbe. Et ceste nymphe aussy
Viele de sens, de meurs et de noblesse,
Toute amour courbe et n'a en soy soucy,
Fors de vertu. Qui vouldra parainsy
Congnoistre a plain Gylon, la nompareille,
Regarde au ciel quand il est esclarcy,
La la voyra, si bien contemple et veigle.

XLI

De Gylon

Belle, belle oultre humaine beaulte
Belle en myracle, ung monde esbaïssant,
Belle de tout, sinon de privaulte
Dont tu ne veulx avoir conjouissant.

[1] Ha-it a deux syllabes ici.

A mon vouloir, que Dieu le Tout Puissant,
Lorsque tu as aux estoilles les yeulx,
Me transmuast en ciel resplendissant,
A ceste fin que je te veisse myeulx.

XLII

Au Lecteur

Si je compose epistres de loysirs,
Rondeaux, chansons, et ballades frivolles,
Merveille n'est. Tu prends bien tes plaisirs
A lyre aussi choses vaines et molles !

XLIII

Trop de Gylon et peu pour la vaincre

Ou est Scopas le paintre de nature [1],
Pigmalion, Praxiteles aussy ?
La mort les a tous mis en sepulture ;
Hellas ! quelle perte ! o quel dueil et soucy !
Qui pourtraira sus blanc marbre esclarcy
De ceste nymphe et tant belle deesse
L'excellent corps et visage fulcy ?...
Il convenoit, pour sa vertu expresse,

---

[1] Célèbre statuaire et architecte grec, né à Paros en 358, avant notre ère, mort en 424. « Artiste de la vérité » selon Callistrate.

Luy eriger ung temple de noblesse
Et sa statue eslever en haut lieu,
Ou l'on lui feist[1] veux, offrandes et messe,
Pour mitiguer Cupido et son feu.

XLIV

Le baiser de Gylon vaindicatif.

Cupido veit ung jour Gylon en court,
Et lors, pensant que fust Venus sa mere,
Leigerement devers elle il acourt
Et la baisa par amoureuse chere.
O quel baiser ! il fust de telle enchere
Et si tres chault qu'Amour tout esbahy
Pensa que fust une saiette fiere
De son carcas qu'il eust ainsy trahy.
Toutes les vires, et crie : Ahy ! ahy !
Dont vient ce feu tant aspre et cruciable ?
Mais nul des traicts l'avoit en riens hahy,
Et n'en trouva pas ung qui fust coupable,
Parquoy plorant, larme assez pitoiable,
A Gylon dist : C'est vous mere très-belle
Qui par le goust de ce baiser grevable
Vengez tous ceulx que ma darde estincelle.

---

[1] Fe-ist a deux syllabes dans ce vers.

XLV

Gracieuse metamorphose d'Amour et des pusses

Toutes les nuictz la pusse me guerroye,
Dormir n'en peulx; sans fin je me remue :
De la chasser certes je ne sçauroye,
Je croys qu'Amour en pusse se transmue.

XLVI

Consultation sur les rigueurs de Gylon

Conseille moy, experte, viele et saige,
Ce que doy faire en mes aspres amours :
Celle que j'ayme est ingratte et sauvaige
Et en tous cas plus cruelle qu'un ours
— Fais luy priere et te blandis tousjours.
— Je fais cela, mais de moy ne luy chault.
— Montre toy doulx, gectant souspirs et plours ;
Souvent Amour, ce dieu puissant et haut,
Se resjouit quand d'angoisse on tressault.
— Sans fin gemis, mes yeulx fondent en larmes.
— Touche la lire et soys plaisant et bault ;
Danse, voltige, et cherche los aux armes.
— O dieux puissantz, dances, harpes, alarmes,
Ne my font rien, je ne fais aultre chose.

— Fais des rondeaux, epistres, laiz et carmes
Ou ta douleur luy soit paincte et desclose.
— Tous jours et nuictz je rymoie et compose,
Amour luy painds, et mort par mes rondeaulx ;
Mais de son cueur Pitie en est forclose.
— Donne carcans, moniles et aneaulx,
Besans tout d'or, sumptueux et nouveaulx.
— Pouvre je suys, et n'ay que luy envoye
Dont elle feist compte de troys pruneaulx.
Le pouvre aussy par argent se forvoye
Ceste cy a les richesses de Troye.
— Jeusner te fault — La faim Amour refuse
Et du jeusnant telle Amour se desvoye
De jeusner point. — Le temps par le temps se use.
Si tout cela en ton Amour confuse
Ne peult valloir, au gibet va te pendre.
Que tardes tu ? Quand bon espoir te ruse
Tu ne sçaurois aultre remede attendre.

XLVII

De la ingratitude de Gylon

Gylon lisant les flammes cy escriptes :
— Cest escripvain, dit-elle, est mensonger ;
Challeur ne sent en ses vers si irrites,
Ne belle suys, tant qu'il veult rediger ;
Son livre est vain, fabuleux et leger.
Le livre alors ouvert en plusieurs lieux

Luy respondit : Le ciel l'a faict renger
En ton amour par le traict de tes yeulx ;
Et, pour monstrer qu'il en est curieux,
Que jour et nuict jalousie l'en touche,
Quand il n'a peu le te declarer myeulx
Ny reveler aulcunement de bouche,
Il en a faict une pleumaire cousche,
Ou l'on peult veoir tes graces et valeurs.
Es tu doncq pas trop cruelle et farousche
De mectre au vent ses soupirs et douleurs ?

XLVIII

A quelqu'une

Dy moy pourquoy tu m'envoyes toujours
Roses qui sont ainsy palles et blesmes ?
Est pas celuy palle assez de luy mesme
De qui le sang est tout beu par Amours ?

XLIX

Transmutation d'amour

Jupiter devint or, satire, thoreau, cigne,
Pour Danes[1], Antiope[2], Europe et Lede[3] insigne.

---

[1] Danaé. Jupiter descendit en pluie d'or dans la tour d'airain où l'avait fait enfermer son père Acrise, roi d'Argos.

[2] Anthiope, fille de Nyctée.

[3] Léda.

Et laid suys devenu, vieulx, triste, et poure aussy,
Pour beau, jeune, gay, riche. Amours m'ont mis ainsy !

L

Tout est subject au Ciel

Si les fataulx te menent, si l'endure,
Car dueil envis aux hommes se vient joindre
Qui pour noz plaincts et despitz moins ne dure ;
C'est jeu force qu'ilz perfacent leur poindre.

LI

Advertissement à Gylon

Naifve est ta blancheur comme naige sus branche,
Naifz sont tes esbatz, naifz sont joue ainsy.
Mais, quoy ! premierement que ta blancheur s'espanche,
Fay tomber la rigueur de ton cueur endurcy.

LII

A Monsieur de Juigne, chanoine d'Angiers, qui me donna une pippe [1] de vin

Il suffisoit de m'avoir faict honneur,
Sans adjouster du profit à ma gloire ;

---

[1] La pipe contenait deux « busses », soit de 4 à 500 litres.

J'estois assez vostre humble serviteur,
Si vous de moy, sans don, l'eussiez peu croire.
Mais la vertu ne peut celer son cueur
Et ne tient point ses œuvres en l'armoyre.
Donne m'avez du vin de grand liqueur,
Dieu le vous rende autant que j'ayme à boyre
Et en son lieu, prenez eau de senteur :
Le change est bon dont doulce est la mémoire.

LIII

Definition de Grace

Tel a toujours ce mot *grace* à la bouche
Qui ne sçait pas la vertu de son dire :
Grace, disons, pour faveur ou approche
De Dieu, du Roy, du prince ou d'un grand sire.
Semblablement, on peult *la grace* dire
Pour maintien noble et digne contenance,
Comme a Gylon ou le monde se mire.
Grace, oultre plus, se dict, recongnoissance
Des plaisirs faictz en ce qu'on les desire,
Comme sont ceulx dont Gylon fuit l'advance [1].

LIV

Subtille demonstration de la durette de Gylon

Gylon mena sa petite seur Luce
Encore enfant couscher avecques elle ;

[1] Voir ci-dessous (LVII).

Estant au lict, il y eut maincte puce
Qui leur estoit ennuyeuse et rebelle.
Lors Luce dist : Estaingnez la chandelle,
Ma seur Gylon, que ces puces ycy
Ne voyent [1] plus. Vela plus grand cautelle
Qu'en Gylon n'a d'amoureuse mercy.

LV

A quelqu'une

Qui veult du feu s'en vienne ycy, ycy,
Toucher sa mesche au fusil de mon cueur ;
La, trouvera des flammes sans mercy
Et tout en moy une extresme chaleur.
Mes nerfs sont brase et ma poictrine ardeur ;
Mesmes on peult tyrer de ma pensee
Ung feu subtil, non de moindre vigueur
Que Gylon est belle et bien agencee.

LVI

A Monsieur de Rochefort, l'advocat

La Cigongne est ung oyseau moult piteux,
Vostre Alciat [2] bien a cler le figure,

---

[1] *Voy-ent* a ici deux syllabes.
[2] L'alcyon, poétique oiseau qui a donné lieu à de merveilleuses légendes, comme celle à laquelle Colin Bucher fait ici une délicate allusion.

Car ses faons luy sont tant précieux
Que de sa gorge il leur donne pasture,
En cest espoir que, quand il sera vieux,
Ilz luy rendront pareille nourriture,
Et son espoir n'est point fallacieux.
Mais vous avez plus gentille nature
Car sans espoir ny d'aultant ny de myeulx,
Vous nous donnez : Dieu vous en face usure.

LVII

Grace sans grace

Grace qui est tardive
Ingrate elle est ; car grace,
Tant plus elle est hative,
Porte plus d'efficace [1].

LVIII

Malheur d'aymer, bonheur de jouyr

Heureux qui fuyt Amours et les dames,
Et qui n'est point serf en leur domicile ;
Mais plus heureux beaucoup qui en ses flammes
Trouve Venus agreable et facile.

---

[1] Voir ci-dessus la définition de *Grâce* (LIII).

LIX

Excuse a Gylon

Si je ne t'ay visite tous ces jours,
    Dame tres honoree,
C'est qu'empres toy estoient cent mille Amours
    Qui ont ma mort juree,
Juree a feu, et a sang, et a plours.
    Peine desmesuree !
Ne doibt on pas eviter les destours
    D'Amour tant coleree ?
Certes ! si fault, car peu vallent les cours
    Ou grace est martyree.

LX

Despouille d'Amour, pour Gylon

L'autre nuytee, en dormant, je pensoye
Qu'Amours avoit contre toy pris debat,
Dont grandement je me resjouyssoye,
Bien asseure que s'il vient au combat
Il y perdra ses aelles dont il bat ;
Et gangneras son arc, flesches et trousse.
Lors nous amans ferons feste et esbat
Sus sa despouille, et tant riche destrousse !
Car ce cruel sans mercy nous abat,
Et tu nous es prodigallement doulce.

LXI

Estraines nulles sans amour. — A Gylon

Comment pourra celluy donner estraines
Auquel Amours ne veult faire aulcuns biens ?
Ou prendra il bagues, joyaulx, mitaines,
Quand ingrat sort luy oste les moyens ?
Helas ! helas ! certes je n'en sçay riens.
Si tu le sçais, ô fille tres illustre !
Donne conseil au plus humble des tiens,
Et cependant reçoy du pouvre rustre
Ce vers dizain, par lequel je soustiens
Qu'a belle estraine Amour baille le lustre.

LXII

Estraines au commandeur Loys de Tinteville

Bon jour, Monsieur, et bon an vous doint Dieu !
Bon heur ayez de cent ans pour estraine,
Vivez joyeulx et gaillard en tout lieu,
Fuyant soucy et tristesse mal saine !
Vela de quoy, en ce jour, vous estraine.
Si myeulx povoys, on en verroit l'effect,
Mais je congnoys que pour grace mondaine
Rien ne vous fault, vous estes tout perfaict :
Beau, saige, riche et de bonte certaine ;
Nature en vous s'esbayst de son faict.

LXIII

A Gylon

Quand je n'auray plus au corps sang n'y feu
Et que la mort m'aura mys au trespas,
Je te suyvray encore de lieu en lieu
Tout ainsy mort et vif, en mes helas !
En te tirant apres moy, peu a peu,
Jusques au fons de l'enfer bas a bas.
De la, criray de toy vengence à Dieu,
Qui m'as faict faire milion de pas
Sans en avoir grace, accueil, ny beau jeu :
Et croy qu'enfin tu ne t'en riras pas [1].

LXIV

A Monsieur de Sainct Aulbin [2]

La gravite desgrade mainct plaisir,
La suspecon à se celer s'empire

---

[1] Cf. avec le n° CXLV.
[2] Saint-Aubin était une célèbre et riche abbaye fondée à Angers par Childebert, et dont l'abbé depuis 1241 prenait le premier rang entre les abbés aux synodes de la province de Tours. L'abbé de Saint-Aubin à qui sont dédiés ces vers, est Jean de Tinténiac, abbé de 1493 à 1522, démissionnaire à cette dernière date au profit de son neveu Hélye, et mort le 8 juillet 1525, au château de Molières (Beaucouzé), qu'il avait fait rebâtir. Colin a laissé l'épitaphe des deux de Tinténiac, et un rondeau au même abbé Jean.

Et font l'effect d'un bon espoir moysir,
Car le cuyder, qui en naist et respire,
Faict perdre au gaing et lascher a saisir ;
Le corps ainsy contre l'ame conspire.
Mais, si vous plaist ung peu vous courtoysir
Et avec nous venir jouer et rire,
Vous trouverez commeres en desir
De faire rage, et merveilles de dire.

LXV

Admonition a Gylon

Habites avecques toy
 Au moins, si tu veulx vivre,
Car d'estre ailleurs croy moy
 On ne vit a delivre.
Celluy Gylon est vivant qui, pour soy,
Sçait les beaulx jours de son age poursuyvre.

LXVI

Presens a Gylon

Ma Dame, recepvez en gre
Les presens dont je vous salue,
Non advisant mon bas degre
Ny d'iceulx la basse value.

La chose est tousjours bien voullue
Dont peu se trouve de la sorte ;
Regardez doncq l'amour esleue
Et le bon cueur que je vous porte.

LXVII

A Gylon ung peu des goustee

Si j'ay este sans vous revisiter
Deux ou troys jours, cela n'est pas à dire
Que ne vueille [1] en Amours usiter ;
Mais nulle amour se trouve sans redire.
En la mienne a a redire cecy :
Que j'ayme trop, et vous peu, sans suffire.
Or d'aymer trop, dueil vient grief et soucy
Et pour ung peu on n'a fiebvres ny pestes.
Je concluds donc, en cest endroit ycy,
Que je suys plus mallade que vous n'estes.

LXVIII

A la gloire de Gylon

Venus dormait dessoubz ung olivier,
En son gyron son filz avecques elle.
Et la, bien pres, sus le bord d'un vivier
S'esbatoyoit Gylon la demoyselle.

---

[1] Ici, le poète n'a pas tenu compte de l'élision, il a compté *veuille* pour trois mesures. Au second vers qui suit, au contraire, la dernière syllabe de *mienne* s'élide.

Quand Cupido l'apperçeut si tres belle ;
Il volle apres. Venus s'est esveillee
Et tout entour le recerche et appelle.
Point ne respond. Elle est esmerveillee ;
Mais les passans la voyant adeullee
Dirent ainsy : « L'Amour que tu demandes
Gylon l'a pris, et t'en a exillee ;
Il ne fault point qu'ailleurs te recommandes. »

LXIX

A Gylon se mirant

Que advises tu ma Dame en ce myroir ?...
Veulx tu sçavoir tes graces et beaulte ?...
Tu ne pourrois myeulx entiere apparoir
Qu'en mon las cueur, car, par speciaulte,
Amour prenant sur moy principaulte
Dessus le vif, t'y a pourtraicte et paincte,
Oncques myroir n'eust plus grand loyaulte :
Mire toy la, tu y es toute empraincte.

LXX

A l'honneur de Gylon

Dedans Paris, sus le pont Notre-Dame,
Gylon perçeut une face en painture
Sy attrayant qu'il sembloit qu'elle eust ame,
Mais les yeulx clos, sans nulle couverture.
Au peintre enquist de qui est la figure.
Il luy respond : — Elle est tienne affermee ?

— Et pourquoy, fist la belle creature,
Luy avez vous la veue ainsy fermee ?
Le paintre alors : — O fille renommee
Jusques au ciel ! pardon je te reclame,
Croy, si la veue en estoit deffermee,
L'euure seroit tout converty en flamme.

LXXI

De la froidure de Gylon

J'alloys chantant dans un pre verdoyant
Ceinct d'une haye houssue et verduree
Et d'ung ruissel à travers undoyant,
Eaue [1] semblant celeste et asuree.
Ma chanson fut : « Doulce Aure zephiree
« Respire en moy ton doulx vent pour estaindre
« Le grand chaleur en mes nerfs aduree
« Qui nuict et jour me faict douloir et plaindre ».
L'Aure respond : Vertu n'ay pour restraindre
Tant corrosive et naturelle arsure ;
Que me veulx tu ? je ny sçaurois attaindre,
Voy tu pas bien que mon flat et murmure
Est comme ung rien qui petitement dure ?
Si Borreas [2] me donnoit sa puissance,
Et Nereus [3] ses undes de froidure,
Je ne sçauroys encor a ta plaisance

---

[1] Eau-e a, ici, deux syllabes.
[2] Borée, dieu des vents.
[3] Nérée, dieu marin, père des cinquante Néréides.

Attenuer ton ardeur et nuysance.
Ces motz finiz, je feis ung rude pleurs
Sur les flammeaux de ma rude grevance
Et dis a l'Aure : — O superbes douleurs
Qui pourra doncq refroidir mes challeurs?
Elle, prenant ung autre cours et place,
Et respirant ses allaines es fleurs
Me soupira telz propos en la face :
— Je ne sçay point qui tiedisse ou efface
Tes grands ardeurs, si Gylon ne le faict;
Car seurement elle est toute de glace,
Si elle veult tu es homme refaict.

LXXII

A Cupido

Qui t'a baillez tant de flammeaux et dards?
— Dame Gylon de sa blanche poictrine
Flammes me livre ; et en ses beaulx regards
Je prends les traictz par subtille doctrine.

LXXIII

Des myracles de Gylon

Gylon filoit, et tournant son fuseau,
Ung feu subtil le consomme en pouldriere.
Dont vint ce feu et tant divers flammeau,
On n'en sçait rien. Mais, tantost la chambriere

Dist que c'estoit amoureuse lumiere,
Car ne pouvant Amour son cueur esprendre,
Qui est plus froid que glace ny riviere,
Il a voulu, dist elle, la surprendre
En son fuseau par feu fort à comprendre.
Une aultre dist, estant de plus vieulx aage :
« C'est de la lampe une estincelle tendre,
« Que l'on a mys cy pres pour son usage ; »
Puys, la flattant, luy dist : « C'est ung presage
« Que tu seras Royne tres excellente
« Et te feront mers et terre hommage
« Ou tu auras, pour ta beaulte fulgente,
« Loz eternel. Vis, fille belle et gente,
« Vis en triomphe au gre de ton augure... »
Ainsy parlans, entre elles se presente
Amour arme, et telz motz leur figure :
« — Si ceste cy, de sa clere figure,
« Brusle de loing les hommes et les dieux,
« Peult elle pas aussy mectre en arsure
« Le boys de pres ? Certes ! si faict et myeulx. »

LXXIV

De Gylon

Jehan de Paris [1], ce paintre singulier,
Pour passe temps peignoit le dieu d'Amours.
Amour luy dist : — Mon amy familier,
Tu me painds mal, je suys tout au rebours :

---

[1] Voir ci-dessus, note du n° XX.

Asles je n'ay, ny tortils de flours,
Flammes es mains, arc ny traict pour attaindre ;
Sans trousse suys, sans baston de secours ;
Donc, desormais, si a droit me veulx paindre,
Painds moy en homme angoisse de se plaindre ;
Mon œil ne soit soubzriant ny la bouche.
Le paintre alors : — Qu'esse que tu veulx faindre ?
Que je paignisse Amour ainsy farousche,
Ce me seroit ung trop villain reprouche.
— Non, fist Amour, Amour je ne suys plus :
Gylon la belle, hommes, dieux et moy touche ;
Elle est Amours, je suys vain au surplus.

LXXV

En contemplant Gylon

Si mon regard dessus toy trop te dure
Sans dire mot, pardonne : Amour le veult.
Mon œil profere et dit ce que j'endure :
Crois seurement, ma langue ne le peult.

LXXVI

Les similitudes d'Amour et de Gylon

Gilon sommeille, Amours s'endort aussy.
Gylon espand lumiere de ses yeulx,
Amour reluist et splendist tout ainsy.
Gylon bien chante, Amours chante et non myeulx.

Gylon soubzrit, Amours commence a rire.
Gylon s'esmoye, Amours est soucieux.
Gylon propose et narre mainct beau dire,
Amours devise et faict rage de dire.
Gylon chemine en quelque gros affaire,
Amours la suylt et ny veult contredire.
Finablement, tout ce qu'elle veult faire,
Amours le veult quand et quand contrefaire,
Et n'y a point entre eulx de difference
Fors qu'on la voit toute doulceur deffaire.
Et Amours est de doulce conference.

LXXVII

A mes petites seurs les Bourgeoises

Dea[1] ! mes seurs que vous ay je faict
Le sçauroit on jamais sçavoir ?...
Quand j'estoys malade et deffaict
Vous me veniez assez veoir,
Et quand je suys sain et reffaict
Charrete et beufs ne vous faict mouvoir.
Cela n'est qu'un plaisir imperfaict,
Dont je ne peuz rien vous debvoir
Synon ung amour contrefaict :
De tel pain souppe on doibt avoir.

---

[1] Forme ancienne de l'interjection Da! la première forme était *diva*, composée des deux imperatifs *dis* et *va* d'où par contraction *dea*, puis *da* (Diez).

LXXVIII

A maistre Christofle de Pince [1]

On dit que Françoyse est tant belle !
Mais je n'y voy rien de ce *tant*,
    Fors une mine sensuelle
    Et une grace promectant,
Ce qu'on pense estre il n'est en elle.
Bien est vray, qu'elle ha du comptant
Et du bon point soubz la cotelle,
Mais, qui l'Amour y va mectant
S'il n'a vaincu toute cautelle,
    Il servyra d'ung escoutant.

LXXIX

A quelqu'une

Oppinion de doubte prisonniere,
Affliction sus afflige espoir,
Occasion allant devant derriere,
M'ont empesche ces jours de t'aller veoir.

---

[1] « N. h. et sage Mᵉ Christophle de Pincé, en son vivant seigneur du Bois et des Brosses, conseiller du roy et lieutenant général criminel au siège présidial d'Angers. » Né en 1507, mort le 14 février 1560, eut son épitaphe gravée sur cuivre dans l'eglise Saint-Maurice. *(Angers,* par Bruneau de Tartifume, mss. 871, p. 355.)

Si hault vouloir en grand chose ha memoire
Et y suffist, blasme n'en doy avoir.
Je suys ainsy qu'un amant en lictierre,
Dont le desir transcende le povoir.
Pour payer veulx les droictz d'amour entiere
Mais fayble sentz l'acquict de ce debvoir
Quand grace n'ay, vertu, propos, matiere,
Devant tes yeulx dignes de comparoir.
Si Peon [1] fusse, ypocras [2] ou bruyere,
Qui les corps morts font parler et mouvoir,
Fiebvre jamais ne te donroit carriere ;
Mais je ne puys a moymesmes pourveoir,
Excuse doncq l'ignorance sommiere
Qui brise et rompt l'effect de mon vailloir,
Et croy que l'œil est de moindre lumiere
Que le penser, et ne peult tant valoir.
Ce qui nous est mille lieues arriere
Par le penser se peult cler apparoir,
Et l'œil ne void fors ce qui luy est riere :
Tant qu'il est jour ; le penser, jour, nuyct, soir.
Gylon m'en est jugesse droicturiere,
Et tu le peulx, par esprouve, sçavoir.
Dont plus rien dy, fors qu'a Dieu fais priere
Que garison brief puisses recepvoir.

[1] Peon, médecin qui guérit Pluton de la blessure qu'Hercule lui avait faite. Surnom d'Apollon.

[2] L'hypocras — ou l'hippocras, comme l'écrit Ménage — fameux vin aromatisé qu'on vantait si fort au moyen âge, et passait pour très salutaire : les apothicaires l'envoyaient comme étrennes à leurs clients. Colin fait allusion aux médicaments réputés parmi les meilleurs en ce temps.

LXXX

A Gylon

Si vostre voulente gelee
Qui n'estaignit jamais flamme d'amour,
Est a rigueur tousjours stilee
Et ne veult rendre a pitie son destour,
    Ma gloire sera grande et lee
    D'user ma vie en si cruel estour,
    Et la vostre, obscure et foulee,
    De retenir le salaire au labour
    Car, grace aux merites celee,
Faict eschauffer sans pain cuire le four

LXXXI

**A mon cousin, il est certain
Et mon amy, si n'escry vain**

Escoutez, monsieur de Mathault,
L'euvre est de la fin coronnee :
Une busse de vin me fault
Par promesse de l'aultre annee.
Si vous en doubtez, ce deffault
Ce n'est pas grace avant journee,
Car oultre que avez l'honneur hault
Et que voycy bonne vinee,
Promesse en coffre rien ne vault,
Ny regret de chose donnee.

LXXXII

Oraison a Venus

Belle Venus ! estoille radieuse,
De qui le nom redonde en mille ports,
Si tu portas oncques Amour jaleuse
Au belliqueux et furibont Mavors [1],
Leve de moy toute ignorance creuse
Et donne esprit subtil en tous abors,
Art magistral, memoire ingenieuse,
Affin que puisse en rithmoyans accords
Tendrir le cueur de Gylon l'impiteuse.

LXXXIII

Signes pour congnoistre ung amoureux

Si pour gecter souvent soupirs et pleurs,
Si pour veiller en cures et labeurs,
Si pour souldain pallir de tainct et bouche,
Si pour changer souvent de place et couche,
Si pour marcher maintenant tout joyeulx
Puys tout a coup devenir doloreux,
Si en ung temps esperer plaisant chose
Ou craincte et peur ont deffience close,
Si pour avoir tousjours les sens ravis,
Si pour aller tost et lent sans advis,
Si decliner ses propos et pensees
Et scrupuler des choses non pensees,

---

[1] Mars.

Si pour fuir tourbes de gens et cours
Est ung signal que l'on est pris d'amours.
Croy que je suys amoureux a merveilles
Et que j'en sentz les flammes nompareilles,
Et si tu quers, de qui. Hellas ! hellas !
C'est de Gylon, ceste noble Pallas,
Dont la blancheur de vermeil coloree
Merite d'estre en ce monde adoree.
Furtivement elle ravist mon cueur
Qui la poursuyt en une craincte et peur,
Ymaginant jamais ne pouvoir vivre
S'il deffailloit en nolz lieux a la suyvre.
Et toutesfois je n'en approuve pas
Tant seulement la mesure ou compas
De son beau corps, ny les traictz de sa face
Qui chascune aultre embrunist et efface,
Mais quand et quand l'engin [1] et bonnes meurs
J'estime tant, que pour elle je meurs.
Certainement ceste deesse insigne
Est pour ung roy en toutes choses digne
Et d'imposer loix à tous nobles yeulx,
Car deux n'en a pareilles soubz les cyeulx.
Elle detient mes sens et les possede,
Et les tiendra jusqu'a tant que decede,
Tant qu'il y ait des estoilles au ciel,
Et qu'on verra les avettes sans miel.
Finablement, tant que sera la terre,
Je l'aymeray, nul est vivant qui n'erre !

---

[1] L'esprit, *ingenium*. On ne trouve ce mot, en ce sens, que deux fois, dans les poésies de Clement Marot, et la première fois dans un sens équivoque, selon la remarque d'Auguis.

LXXXIV

De la piqueure de Cupido et des avettes [1]

Quand Cupido, cest enfant impudique,
Sus Hymettus desroboit les avettes,
Les desrobant, l'une tres fort le picque
Et de douleur luy faict playes aigrettes,
Tant qu'il espand pueriles lermettes
Et se complaint durement a sa mere.
— D'ou vient, dist il, que telles bestelettes
Ont l'aguillon de picqueure si fiere ?
A quoy Venus en soubzriante chere
Respond ainsy ; — Et toy mon enfant doulx
Qui es petit, fais-tu pas playe amere
Blessure a mort, et non sanables coups ?

LXXXV

De Gylon et sa belle seur

J'avois mange d'une sallade
Avecques deux petitz poussins

---

[1] Ronsard a traité le même sujet dans ses Odes (IV). C'est une imitation d'Anacréon (ode XL). V. *les Poésies d'Anacréon et de Sapho... avec des remarques de M*^{lle} *Le Fèvre* (Mme Dacier), 1681, in-12, p. 209. « Cette ode est fort belle », dit Mme Dacier. Théocrite l'a imitée aussi, et il semble que Colin se soit plutôt inspiré de la version de Théocrite (voir même ouvrage, p. 212).

Dont j'eus la fiebvre aspre et maussade
Prest a porter sur les terrins :
Mais Gylon me feist une œillade
Et Francoyse mille doulx seings
Dont mon mal fist carte virade
Et par leurs beaultez je revins.
Qui ne vouldroit estre malade
Es mains de si bons medecins !

LXXXVI

Pour jouyr on promect l'impossible

Si tu voulois maintenant me baiser
Que les tesmoings sont absentz de nous deux
Et puys apres me souffrir doulx aiser
De ce qui est plus doulx et savoureux.
Je t'ay promis grandz cas et merveilleux,
Lesquelz tu as nomme de peu d'avoir.
Pensant que soys faulx et malicieulx
Et qu'en ma foy se cachast decepvoir ;
Mais je te pry myeulx regarder et veoir.
Conseille toy de rechef et croy, Dame,
Que ce que n'ay ny veu, ny peulx avoir,
Je te donray, si tu estainds ma flamme.

LXXXVII

Nul vent si froid que Gylon

Ung jour Gylon alloit dessus les champs
Par ung grand chault, si chault et plein d'encombre

Que les oyseauls en desusoient leurs chantz,
Et tout gregail en estoit mat et sombre.
En grosse alaine, elle souhaicte l'ombre
Ou quelque vent du gracieux zephire
Pour rafreschir la chaleur qui l'encombre :
— Helas ! dit-elle, helas ! o tres doulx sire,
Auras-tu poinct pitié de mon martyre ?
Il luy respond : — Que veux-tu, noble dame ?
Phebus me brusle et ne veult que respire.
Je ne sçaurois faire plaisir a ame ;
Mesme Eolus [1] nostre prince se pasme
Et si ne peult souffler ny respirer.
Oyant cecy, ung remedde j'entame
Et dis au vent : — Prends mon gros souspirer
Allaine afflat, et puys les va spirer
Dessus Gylon, la belle creature.
Que son beau tainct ne se puisse empirer,
Car c'est le chef des œuvres de nature.
Zephire adonc, content de l'ouverture,
Print mes soupirs et les souffle sus elle.
Lors elle dist : — Voycy vent a mesure
Mais il est chault comme ardante estincelle !
Zephire encor luy dist : — Saches, tres belle,
Que je l'ay pris es soupirs doloreux
D'ung amoureux de grace solennelle,
Mais je suys moult esbahy ce maist dieux
Dont maintenant ung si frais vent tu veulx
Pour rafreschir ta precieuse face,
Veu que tu as de coustume, en tous lieux,
D'entretenir yvers, vents, neige et glaces.

---

[1] Eole, dieu des vents, et fils de Jupiter.

LXXXVIII

Myeulx mourir que donner ce qu'on a de sa dame

Tu me requers certes petites choses,
Que je te donne une part de mes fleurs ;
Tres voluntiers, et gyrofles et roses
Je t'envoyrois, et trop plus grands faveurs ;
Mais elles ont racines et odeurs
Dedans mon cueur si tres enracinees
Qu'on ne sçauroit les partir si ne meurs,
Car puys troys jours Gylon les m'a donnees.
Mais si tu quers de mes tendres annees
L'abregement, commende et je feray
Qu'elles seront briefvement terminees
Et de bon cueur, pour te plaire, mourray.

LXXXIX

Gylon refusant les dieux d'Amour

Les dieux au ciel contemplant ta beaulte
Telle qu'au monde il n'en est de pareille
L'ung d'eulx te dist, digne de royaulte ;
L'autre, plus hault te specule et merveille
Et dist aussy que Jupiter ne veigle
Sus tante grace et n'en est amoureux,
Qui est celluy que l'Amour desconseille,
Pourquoy jadis fut il tant chaleureux

D'Europe et Lede [1], et ores si frileux.
Ceste cy vainctq d'honneur, beaulte et grace
Lede et Europe. O le dieu bien heureux
S'il jouissoit de si plaisante face !
Sur ce propos, Amours faillit en place
Et respondit : — Il est vray, mais jadis
Vierges estoient amoureuses de race
Et nulz amours en estoient escondis ;
Mais ceste cy en ses sens erudis
Est si tres fiere, aspre, cruelle et dure
Qu'elle diroit au dieu de paradis :
« Fuyez vous en ! car d'aymer je n'ay cure. »

XC

Nul soing ny cure en ce monde que servir Gylon

Que me chault il du Turcq et de tous roys,
Que me chault il des guerres des humains,
Que me chault il des superbes arroys
De l'Empereur ny des gloutons germains,
Que me chault il de l'orgueil des romains
Mys en dechef et subjecte ruyne ?
Que me chault il qui perde pieds ou mains,
Que me chault si le ciel se bruyne,
Que me chault il de peste ou de famine,
Que me chault il de Paris, Blais [2] ou Tours,
Que me chault il si tout le monde fine,
Ne si les droictz se observent a rebours ?...

[1] Europe et Léda.
[2] Blois.

Il ne me chault que de vivre en Amours.
Tout mon soucy en une se repose.
C'est toy, Gylon, ou je prends mes beaulx jours
Quand tes vertus je rithmoye et compose :
C'est toy, deesse, ou tout mon bien s'expose.
Tu es mon soing, ma cure et mon esmoy ;
En te servant Amour je presuppose
Ung jour prendra par toy pitie de moy.

XCI

En heur suyvy, en malheur asservy

Quand je tenois des biens a grand foyson :
Prez, boys et champs, vignobles et preaux,
Rentes et sens [1], et pompeuse maison
Toute d'azur et d'or jusqu'aux carreaux,
Perles, saphirs, dyamans et rubis,
J'avoye alors des amys a monceaulx,
Prestz a me plaire en tout, fust blanc ou bis.
Lorsque j'estoys decoupant le velours,
Faisant sus mule un Rominagrobis
Tout parfume de musc en mes atours,
De binjouyn et de larme de myrrhe,
Chascun venoit me donner des bons jours,
Se offrans a moy plus qu'on ne sçauroit dire.
Tous les matins on veoit à ma porte .

---

[1] *Sic* pour cens.

Tourbe de gens assez pour ung grand sire ;
Seul me louoient, seul me honoroient, en sorte
Que seul sembloys digne de Renommee.
Mais quand malheur a use de main forte
Et que ma table a este affamee
Chascun me fuyt et me monstre du doy.
Quand la chevance est du tout consommee
L'amour se pert et n'y a plus de foy.

XCII

A ung bon et maulvais escripvain

Sy Damien
De peu ou rien
Attend grand bien,
Necessaire est que sa pleume naive
Travaille ung peu et que l'art elle ensuyve
Dont l'entretien
Est le moyen
D'avoir soubstien
De toutes gens que les vertus honorent,
Car travaillant les pauvres gens se dorent.

XCIII

Au pere de Gylon

Tu te donnas premierement aux Muses
Qui a Pallas te sacrerent apres.

Pallas depuys, par sciences infuses,
Ta faict amy de Juno si depres,
Que tu en as louanges et bons heurs
De plus grand prix que baulme ny cipres.
Mais, a Juno n'en donne les honneurs,
Tiltres, mercis, ny palmes glorieuses
Pour ne irriter Pallas et les Neuf Seurs
Qui seulles font les richesses heureuses.

XCIV

Amour et saigesse different

Pour Dieu ! Gylon, le cas me soit remys
Si quelque foys peu discret je te semble,
Car, a grand peine, il est a Dieu permis
D'estre amoureux et saige tout ensemble.

XCV

A maistre Anthoine Le Devin, seigneur du Tronchay

J'ay eu souvent la pensée doubteuse
Pourquoy tousjours ung amant est instable,
Veu qu'amour est chose tant precieuse
Et bien souvent tant requise et sortable ;
Car sans amour le monde prendroit fin.
Qui en sçauroit la cause ? elle est notable,
Je te supply, dy la : tu es *devin*.

XCVI

Responce a luy-mesmes

Jadis, des le commencement
Que Dieu feist l'homme à sa figure,
Il maria ensemblement
Le Ciel avecques [1] dame Nature,
Qui eurent de leur geniture
Amour filz, si bien le recorde,
Et deux filles de bonte pure,
C'est assavoir Paix et Concorde,
Lesquelles, par miséricorde,
Dieu nous transmist ça-bas en terre.
Mais, par nos picques et discorde,
Par le heurt de civile guerre,
Par nostre envie et cueur tricherre
Nous ne les peusmes comporter,
Dont place ailleurs allerent querre
Et Amour aux cieulx habiter.
Vela la cause, sans doubter,
Qu'un homme amoureux devenu
Ne se peust au bien arrester
Ny en son sens estre tenu,
Car il est tant circonvenu
Cerchant ceste amoureux essence,
Qu'il n'a povoir grand ny menu
Et ne sçait qu'il dist, faict ou pense,
Pourtant que ceste influence
Le regit, gouverne et domine.

[1] *Sic.*

Dont je conclu, en consequence,
Que l'homme a grand tort s'extermine
Sur sa seur, sa femme ou cousine,
Que leur climat force d'aymer ;
Car ce que le Ciel determine
Ne se doibt jamais reprimer.

XCVII

A ce Devin pour deviner encore

Entre les bouts de mon premier sommeille
  Ceste nuyct je m'esveille,
Et voy descendre entre nue et soleil
  Homme qui m'esmerveille.
Acompaigne d'ung train le nompareil ;
  Escoute la merveille.

Premierement, venoit fraulde celee,
  Maincts ris fainctz et couvers,
Regards coupez, querans air et volee
  Et signaulx à l'envers ;
Plaincte a confort semblant estre colee
  Et jeunesse en travers.

Apres, passoit douleur emmyellée,
  Aguetz blancs, bruns et vers,
Sus esperance encore ensorcelee,
  Desirs tous entrouvers,
Licence vague, a tous vents arolee,
  Plaisir rendu couvers.

O toy qui as de toùt bon sens recueil
    Dont chascun se conseille,
Dy quel seigneur peult estre et quel accueil
    Fault que luy appareille
Si plus me vient donner ung tel refveil,
    Quand mallade sommeille?

XCVIII

En ung amoureux desir la peine se prend a plaisir

Avec ung ris je trespasse et deffine
    Qui en tel feu ma fine
Et prends la peine a plaisir et a jeu,
    Venant d'ung si hault lieu.
Jamais desdaing ny maniere cruelle,
    Que je congnoisse en elle
Ne troubleront, ny de nuict, ny de jour,
    Si beau desir d'amour.
Et si, premier, moy mesme je n'oublie
    Le penser qui me lie,
Ne changera mes doulcettes pensees
    Tant grief soient offensees;
Mais dureront, car telle servitute
    A grand humeur repute
Et grace rends a Amour que de telle
    Mon cueur il estincelle;
Prenant a gre ma mort comme doulx basme,
    Car pour si belle Dame
Jamais amant sans honneur ne mourra
    Si grace en amour a.

XCXIX

A la paresse de l'escripvain

Or, dictes, maistre Françoys,
Me layrez vous en ung si beau chemin,
   A l'appetit d'ung surcroys
Que l'abbesse a mys sus le parchemin
   De cinq ou de six tournoys?
Ne voulez vous plus estre mon cousin
   Et m'ayder en ces destroys?
Beau sire! allons tout droict, voyez la fin ;
   Vous aurez a vostre chois
Grand feu, draps blancs, belle hostesse et bon vin.

C

A quelqu'une

Si j'ay menty quelque journee
Excuse moy je te supplye,
Et soit l'offence pardonnee
Car qui differe, pas n'oublye.

CI

A ung quidem, nouveau secretaire

Sueurs, peines, travaulx
Et veigles assidues

Te donront monts et vaulx
Et graces pretendues.
Mais personnes tendues
A leur plaisir et vivans mollement
Se voirront confondues
Et n'auront pas des biens facillement.

CII

A Gylon

Ce que hier au soir erreur mist en obly
A ce matin Amour la souvenu.
Celluy n'est pas ung petit annobly
Qui est vers toy a tard le bien venu.

CIII

A ung amy desguise

Si vostre sens peult dominer aux astres
Vous gaignerez a perdre grandement,
Et monterez peult estre es haultz theatres
Dont la descence a grand accroissement.

Mais j'ay grand peur que vostre entendement
Congnoisse trop ce qui nuist a congnoistre,
Et que cherches fin au commencement
En lieu ou nul des deux peult apparoistre.

S'ainsy povez parvenir et accroistre,
Tres aise suys de vostre changement,
Ja que le cueur se complaist en son cloistre
D'avoir ayme si malheureusement.

Bon prou vous face et vaille longuement !
Et plus beaucoup que digne n'est l'eschange,
Je porteray le tout paciemment
Tant que vous mesmes appettez qu'on m'en venge.

CIV

A Cupido

Qui es tu, dy, qui m'enflammes ? — Amour.
Qui te produyt en moy ? — Plaisant figure.
Qui te nourrist ? — C'est esperance et paour.
De quel appast ? — De cueur vain et sans cure.

— Que portes tu pour deffence et armeure ?
— Feu tout grillant. — Et qui te meine ? — Erreur.
Qui te poursuyt ? — Tout sexe de nature.
Que leur promectz ? — Toute pure doulceur.

— Et qu'en ont ilz ? — Penitence et douleur.
— Doncques es tu fallacieux et faulx ?
— En doubtes tu ? regarde a ma couleur,
Je suys faulx Dieu abusant les loyaulx.

— Est il ainsy, cause tu tant de maulx ?
Or aille a toy qui y prendra fiance

Je ne veux point suyvir si grands debaulx,
Sorts de mon cueur, prends ailleurs alliance.

— Non feray pas. Je te hay a oultrance
Et soustiendray Gylon en ses rigueurs.
— Ha ! Cupido ! que te vault ma souffrance
Puisque tu perds ta gloire en mes langueurs ?

CV

Pasiphe[1] a Cupido

Pusque tu as mon cueur voulu soubstraire
    En l'amour d'ung thaureau,
Change ma voix pour blandir et l'attraire
    En ung mugir esgau.

CVI

Dicton

Qui deux fois se marie
Vient a blasmer aultant que cestuy la
Qui se remect au gouffre de Scilla
Quand la mer est marrie.

---

[1] Pasiphaé, fille du Soleil et femme de Minos. Vénus irritée contre le Soleil de ce qu'il l'avait fait surprendre avec Mars, inspira à sa fille de la passion pour un taureau. Pasiphaé mit au monde le Minotaure.

CVII

A quelque personnaige en credit

Ou bien ou mal j'en vouldroys estre hors,
Car d'esperer si longtemps une chose
C'est martirer le cueur, l'ame et le corps
D'une langueur qui jamais ne repose.

C'est vendre cher largesses a remors,
C'est renfermer la grace bien desclose
Qui n'apetisse au Seigneur ses tresors
Et agrandist cil sus qui il la pose.

Je vous supply, acomblez vos effors
A ce coup cy, car quoy qu'on en dispose,
Plaisir du faict n'a pas tant de ressors
Que du failly le dueil tost ne depose.

CVIII

Lay a Venus

Perseverant je seray sans changer
Car ma fin est preste et delibere :
Souffrir le dueil de sa peine enduree
Pour le grand bien de son mal chalenger.

En celle veulx tout mon voulloir renger
Car trop myeulx m'est la mort avanturee,

Que ne seroit vie desesperee
Bien que je doy pour souffrir l'alonger.

Car le tourment n'en seroit que leiger,
Consideree place tant honoree
Ou ma pensee est si bien emmuree
Que par raison ne s'en peult desloger.

Si le cueur veult a cela s'obliger
Et la chose a confermee et juree
Pour n'avoir force au contraire asseuree
Que reste plus, fors complaire au danger?

Ha! hy! Venus, fay ma mort abreger
Du mandement et grace intemeree
De ceste la que j'ay tant desiree,
Se aultre guerdon ne me peult soulager!

Car lors pourray en mort triste plonger
La liberte plaisant et bienheuree
Que vivant cerche en peine immoderee,
Non que ce soit pour d'elle me venger.

Ung dueil sans plus me feroit oultrager
Que la louange acquise et comparee
Pour me donner vie tant procuree
En la me oustant se vint a ladenger.

Tout le point doncq qu'il fault a mitiger
La grand langueur aspre et desmesuree
Que sa beaulte dans mes os a fourree
C'est que pitie la luy face ronger.

10

Et qu'elle vueille appenser et songer
Ce que merite une amour tant pleuree,
En saine foy non jamais ulceree :
Vela le poinct que j'actens a juger.

CIX

A Gylon

L'autre matin, Cupido se leva
Devant le jour, laissant Psires[1] au lict,
Ses armes prys et puys chez toy s'en va,
Pour te cuyder renger a son delict.
Mais, par saint Jean ! le follet y faillit,
Car te voyant il fut si fort surpris
De ta beaulte, qu'il trembla et pallit,
Et voullant prendre il fut luy mesme pris.
O quel butin ! Tresor de royal pris !
Fille jamais n'eust si belle advanture.
Mais pour garder qu'il ne te soit repris
Fay de son arc a tes sourcilz senture
Et de sa corde une belle ceincture,
Des traicts dorez, quenolles et fuseaulx,
Et ceulx de plomb mectz les tous en rompture,
Et les envoye es abysmes des eaux.
De son carcas, feras deux estuiz beaulx
Pour conserver tes perfuns et senteurs,
De son bracier, chesnettes et aneaulx,
Et du chapel, tissu de toutes fleurs,

[1] Psyché.

Tu en feras aux festes tes honneurs,
Dont tu auras mainct regard et parolle ;
De son bendeau, qui couvre ses rigueurs,
Fay en doubler aulcune baverolle
Et sus tout rien, de peur qu'il ne s'en volle,
Despece luy ses leigers aslerons
Et de leur pleume orne ta couche molle.
Et puy je croy qu'en paix nous demourrons.

CX

A Maistre Anthoine Le Devin, esleu d'Angiers

La peine que vous avez prise
En me cuydant tenir promesse,
Myenne est devenue et acquise
Par privilege de noblesse.
Et maintenant cela vous doy
Qu'en ne payant poinct je suis quicte :
Amour a ceste force et loy
Qu'en debvant la dette l'aquicte.

CXI

A Françoyse Bourgeois

Vos beaulx presents sont venuz si a point
Que je ne sçay a qui plus suys tenu,
Ou plus a vous, ou plus a la bonne heure ;
Le tout pense et veu de point en point.

Mon conseil est si perplexe detenu,
Qu'a droit juger le meilleur sens demeure ;
Mais pour n'en veoir trop la raison transie
L'heure je loue et vous en remercie.

CXII

A ceste Bourgeoise

   Je desirois du fruict,
   Vous mandez fueilles et fleurs,
   Pour cela il s'ensuyt
   Que je perds mes labeurs
   Et toutesfoys je dy à tous
Qu'on gangne a perdre avecques vous,
   Car le seul bien produit
   De voz gentilles meurs
   A hault faictz nous induyt
   Et amende nos cueurs.
Mais qui pourroit vous veoir chez nous
Amour vaincroit en peu de coups.

CXIII

De Gylon

Voulant Gylon estouffer une puce
Qui menoit guerre a son bel estomac
Et ne pensant qu'on la vist a la muce,
Son sain descouvre et mect la puce a sac ;

Puys, regardant quelque gens entour elle
Qui la guygnoient a faire tel eschac,
Elle rougit d'une couleur si belle
Que j'en devins amoureux tout à trac
Et ne fut pas ma peine sinon telle
Que d'Acteon voyant Dyane au lac.
O Cupido ! que tu as de cautelle
Pour faire entrer les humains en ton lac !

CXIV

A Gylon

Veulx tu sçavoir ou sera mon tombeau
Apres ma mort ? non point en terre doulce,
Non point en l'air, encores moins en l'eau ;
Mais je feray en tes membres ma fosse.

CXV

Au seigneur de Vieilleville

Je savoys bien que vous m'oubliriez,
Mais je n'osay le vous dire, doubtant
Que contre moy vous vous marririez,
Si je chargeois vostre promesse tant.
Ne laissez pas a l'accomplir pourtant
Vous en aurez tout le miel et la cire,

Que cil qui doibt reçoit en s'aquictant ;
Et si cela ne vous povoit suffire,
Je me soubzmectz de vous en rendre autant
En grands merciz, si je les sçay bien dire.

CXVI

A l'esleu Le Devin, de la petite Bourgeoise

Or est bien une peine perdue
De faire tant pour ceste la
Que jamais a moi ne parla
Synon de grace trop vendue.

Pour Dieu ! remonstrez lui cela
Que beaulte qui n'est despendue
Et mise en broche en saison deue
Tard se repend et tost dueil a.

Et si nonne estre veult rendue,
Je vous supply n'empeschez la,
Car son Amour est ung Scyla
Ou maincte pensée est fondue

— Jadis, Amour en desgela
Plus belle, riche et entendue ;
Mais ceste cy s'est morfondue
Contre nature et Dieu. Vela ! [1]

---

[1] Voilà !... Premier mot de la devise de Colin Bucher : *Vela que c'est !*

CXVII

De Gylon

Du beau printemps l'honneur en est la fleur,
Et le printemps toute la terre honore ;
Estoilles sont du ciel la resplendeur ;
Et Gylon est qui tout cela decore.
Doncq maintenant si quasy je l'adore
Et mes sens ont en ses os sepulture,
Vivant l'amour qui ses graces adore
Trop myeulx sentans que vigne en floriture,
Dictes, Devin, selon votre science
Y ay-je point charge de conscience ?

CXVIII

A Gylon

Si c'est trop hault a moy voullu pretendre,
Vengez-vous en par ma peine et soucy.
L'amour que porte est tiede, doulce et tendre
Et vostre cueur froid, fier et endurcy.
Vous poise au moins de n'y vouloir entendre
Et je prendray le reffus pour mercy ;
Car qui ne peult de son bien bien attendre
Grand bien luy est de meriter ainsy.

CXIX

Treves d'Amours ne vallent rien

Treves d'aymer cela ne se peult faire,
Car et comment seroit cecy possible
Que le penser se peult du cueur distraire
Sans engendrer une guerre terrible ?
Je vouldroys bien, en ces jours, m'en retraire
Que vostre grace est tant inaccessible,
Mais le desir qui conduist mon affaire
Croit que plus tost l'eau tiendroit en ung crible,
Qu'on peult jamais d'ung tel bien se deffaire.
Veu que l'amour est alors plus sensible
Que l'on se cuyde envers luy contrefaire.
Vray que tousjours le pourchas est penible.
Mais le plaisir que l'on en peult extraire
Ne se pourroit escrire en une bible,
Parquoy je dy que la treve est contraire
Et qu'elle rend le vincible invincible,
Car de laisser telle emprinse a parfaire
C'est à soy-mesme estre dur et nuysible.

CXX

**Pour aultruy. A une Dame plus fermee de rains
que de cueur**

Esse desdaing, nature, doubte ou ruse
Par qui changez si souvent de voulloir ?

Si c'est desdaing, je me trompe et abuse
Et me convient de bien faire douloir ;
Nature ung peu se supporte et excuse ;
Le doubte doibt se descouvrir et veoir ;
La ruse est sotte, et les plus fins encuse.
Si vous mectez l'amour a nonchalloir
De cestuy la qui de par vous en use
Et vous rusez le naturel espoir,
Le doubte est cler que deviendrez confuse
Et n'en pourrez synon de pis volloir.
Ne faictes doncq pas tant de la recluse
Et congnoissez vostre faulte et devoir.

CXXI

Faict pour aultruy

Treves d'Amour, ce faulx archer,
Qui tyre a tort et a travers,
Ou qu'il me rende a celle cher
Qui a les yeulx si beaulx et vers.
Car d'aymer, sans mercy toucher,
C'est a faire a quelque convers
Et myeulx vauldroit aller becher
Que d'endurer si chaulx yvers.

CXXII

A la petite Bourgeoise

Vous vous riez, madame la Bourgeoise,
De quoy ma plume en vostre amour labeure

Ceste faczon n'est belle ny courtoise
Veu qu'en avez gloire et grace a toute heure.
Mais je n'en veulx a vous debat ny noyse
Car pres du ris les pleurs font leur demeure.

CXXIII

L'acteur a par soy

    Quand je pense au martyre
    Des traictz qu'Amour me tyre,
Je cours soubdain pour la mort convenir,
Ainsy cuydant mes dommaiges finir.
    Mais quand je suys au pas
    Qui est le port, hellas !
Du plus grand mal que l'on sache en ce monde,
Si grand plaisir alors en moy habonde,
    Que mon ame s'efforce
    Contre amoureux escorce,
Et me convient demourer au passaige
Pour esperer mercy d'un cueur saulvaige.
    La vie ainsy me tue
    Et mort me restitue.
O grand misère et dangereux affaire
Que vie aporte et mort ne peult deffaire.

CXXIV

A l'esleu Devin

Vous demandez a sçavoir ou je suys :
Je n'en sçai rien, sus ma foy, sans mentir,

Car tous les jours je me cerche et poursuys
Et ne me peulx aborder ny sentir.
Mais enquerez le a Françoyse, la belle,
Qui de rigueur ne se veult repentir ;
Elle en dira trop mieulx que moy nouvelle
Car pour ung peu du faict vous advertir
El ma emble a moy, ceste cruelle,
Et ne suys plus que la peau d'ung martir.
Mon corps est vuyde et sans cause actuelle
Fors de soupirs qu'on n'en peult divertir
La suys entre, non de moy mais par elle,
Tant loin de moy que de son consentir.
Esse pas bien euvre desnaturelle
Que par ou entre on ne sçauroit sortir ?

CXXV

A son compaignon

De vous a moy, il n'y a pas si loing
Que souvenir par le chemin s'esgare,
J'en suys bien seur, mais l'estat du besoing
Tremblant espoir vouloir qui se bigare
Font orendroit que la plume je pare
Pour vous prier que de ce vous souviengne,
De quoy l'oubly, honte et perte prepare ;
Cela j'atens et que tout bien vous viengne.

CXXVI

A son amy

Le temps se doibt prendre ainsy comme il vient.
Face son cours tant que vouldra Fortune,
Tousjours le Ciel en ung poinct ne se tient :
Aulcune foys il monstre sa rancune
Et se marrist contre qui n'appartient ;
L'exemple en est a mainctes gentz commune
Mesmes lautoier[1] de quoy dueil me retient
Au bon d'aller il vous en bailla d'une.
Que veult cela? c'est que pas ne convient
Juger du jour, avant que veoir la lune.

CXXVII

De Gylon et Cupido

Quand Cupido veit les yeulx de Gylon,
— Jamais, dist il, ne vy femme plus belle !
Quand il sentit son cueur dur et felon,
— Jamais, dist il, n'en vy de plus cruelle !

---

[1] *Sic.* Lautrehier (?) l'autre hier, l'autre jour passé.

CXXVIII

Deulx deux encores

Le grand yver Gylon estoit fourrée,
Et Cupido luy dist : — Ma belle dame,
Je vous supply donnez moy quelque oree
En vostre faim, car de froict je me pasme ;
Voyez comment tremblant et nud je suys.
Gylon adoncq, qui craignoit d'avoir blasme
Luy respondit : — Franchement je ne puys
Si tu ne mets premier tes armes bas.
Lors, Cupido, qu'encores je poursuys,
Se desarma et mist jus son carcas ;
Puys, en son sein, il se serre et enchasse
Disant : — Voycy pour ce temps ung bon pas
Que pleust a Dieu que jamais n'en bougeasse !
Mais, peu apres, il la trouva si froide
Que sans fouir il y fust mort tout roidde.

CXXIX

A la nourrice

Suspicion se vire
Tousjours du couste pire.

CXXX

Les œufs de Pasques. [A] deux seurs

Tenez, mes seurs, vela voz œufs de Pasques ;
Ilz ne sont pas de nos poulles communes,
Jamais n'en vint que dix en vingt caraques,
Qui sans casser ont passe grands fortunes :
Ce sont des œufs ponnuz[1] entre deux lunes
Dont le moyeul est de telle efficace
Qu'Amour s'en paist et en casse les jeusnes.
Si, de par luy, ilz sont en vostre grace,
Je demourray, de par vous, en la sienne ;
Et vous et luy je diray ceste audace
Aurez de rien beaucoup d'estre en la mienne.

CXXXI

A Francoyse Bourgeois

Et bien doncq, ma petite seur,
Il ne vous souvient plus de moy ?
C'est tout ung, ung oublieux cueur
Ne tyre pas grand grace a soy ;
Et s'il en tyre, je suys seur
Que la myne est de gros aloy.

---

[1] Les paysans angevins disent encore *ponnu* pour *pondu*.

Las ! comment peult, en sainte ardeur,
Refroidir ung bouillant esmoy ?
C'est Amour en vostre faveur
Qui me trompe a la bonne foy.

CXXXII

A Gylon

Ton grand oubly ne peult estre sans change,
Ny mon ardant souvenir sans amour,
Changer et perdre est une chose estrange :
Aymer en vain sont tenebres en jour.

Froydeur de foy ainsy te desarrenge,
Chaleur d'espoir t'excuse du faulx tour
Et touteffois dueil crie qu'on le venge ;
Las ! mais tu es jugesse en sa clamour.

C'est jeu bride, la, fault que je me renge !
Assis debout entre asseurance et paoure ;
Mais gaing n'auras qui a la perte avange
A retenir le fruict de mon labour.

CXXXIII

A son compaignon

Qui se pourroit abstenir d'y penser
Le grief seroit bien facile a contraindre,
Mais ne sçay quoy vient le cueur tant estaindre
Que l'on ne peult ce qu'on veult delaisser.

Cru genial plus prest de s'offenser
Que le sommet de son bon temps attaindre
Et qui languist pour veoir en secret paindre
La faincte amour dont il se peult passer.

CXXXIV

A son compaignon

Entre deux eaux voyez mon cueur ardoir,
Entre le sang et le gue de mon pleur
Et se noyer es flammes sans plouvoir
De mon desir et d'une grand rigueur

O cas estrange ! a mal de faulx espoir
Duquel la Mort a frayeur et horreur,
Et qu'elle n'ose ouyr, penser ny veoir
Et si guerist par ung mot de doulceur !

Par ung seul mot, on y pourroit pourvoir
Et faire miel le fade de mon cueur !
Mais ceste la dont fault remede avoir
Tient le voulloir de son povoir en peur.

CXXXV

Pour aultruy. Adieu a sa Dame

Puys que c'est force et qu'il n'y a prudence
Qui sçeust a point nostre eslongne arrester,
Il vault trop myeulx complaire a penitence
Que d'en mouiller ses yeulx de regretter.

   Car le regret
   Chault et agret
Ne fournist pas a nostre soubzhaicter.

Pourtant, amye, attendant mon retour,
Esbastez vous a dancer et chanter :
C'est le premier sacrifice d'amour
Et qu'on doibt plus exercer et hanter,
   Car devisant
   A jeu plaisant
A tous ennuytz on peult bien resister.

Ainsy, jouant en vostre beau sejour,
Le temps a peu tant requis adviendra
Que menerons desduyt a nostre tour
Dont apres mort encore nous souviendra
   Lassus aux cieulx.
   Voulez vous mieulx ?
Jamais plaisir plus hault ne parviendra.

CXXXVI

Responce plaintive

Le pis qui soit c'est perdre l'Esperance
De veoir jamais ce que plus on desire ;
Il n'y a dueil de plus mortelle oultrance
Ny qui plus face ung Amour desconfire.
   Or, l'ay-je perdue,
   Dont je suys fondue
En ung profond abisme de martyre.

Helas ! ahy ! ou prendrai-je conseil ?
Qui me donra des fontaines de pleur
Pour arrouser, en mourent, mon cercueil
Si ards et sec que les vers en ont peur ?
  Ordre je n'y voy
  Fors tout desarroy
Contrariant aux desirs de mon cueur.

Bien voy, bien voy des yeulx de pensement
Cil es qui gist l'exploict de mon affaire,
Mais je ne peulx le toucher aultrement
Ne luy aussy son pareil gre perfaire.
  O grief pis que mort,
  Langueur sans ressort,
Dieux de pitie vueillez y satisffaire !

CXXXVII

Chanson de l'acteur

  Ouvre tes yeulx fortune
  Et voy ma grand misere,
  Apaise ta rancune
  Et mes griefs considere :
J'ay tout perdu, terres, prez et bruyere,
Tu as tout pris, tu as tout dissipe ;
Je n'ay plus rien qu'un esperant maniere,
Encor en suys-je abuse et trompe.

  Si tristesse importune
  Soubz pacience entiere

Te peult faire oportune
Et flechir a priere,
Ne me soys plus tant rigoreuse et fiere,
Fay que bon heur soit pour moy occupe,
Heur suffisant et de moyenne chere
Qui trop ne soit a joye emancipe.

Ja, sept vingtz foiz la lune
A pris neufve lumiere,
Sans que liesse aulcune
M'ait este personniere.
Tu tiens ma joye a grand tort prisonniere
Je suys au bas de la roc entrape ;
Las ! tourne la plus avant ou arriere
Que de malheur je puisse estre eschappe.

CXXXVIII

Reconfort sus son partement. — A sa dame

Si je m'en voys pour quelque temps dehors,
N'en ternissez vostre beau teinct de pleurs.
Pensez, en vous, que le depart des corps
Est moins que rien quand uniz sont les cueurs.
Tant de douleurs,
Aigres langueurs,
Viennent de faulte de foy !
Cueillez dont fleurs
Plaines d'odeurs,
Passant le temps sans esmoy.

Pensez souvent aux gracieux accords
De nostre amour, et par voz bonnes meurs
A tous regretz faictes forger ung mors
D'espoir certain pour dompter voz clameurs
    Dire, je meurs
    En griefs labeurs
    Que mon amy je ne voy,
    Sont crevecueurs
    Dont les fureurs
    Rompent Amours et sa loy.

De mon retour point n'en ay de records,
Mais tant y a maulgre toutes longueurs
Au plus loing but, vous me voirrez, alors
Que le raisin rend ses doulces liqueurs.
    En ces primeurs
    Que vendengeurs
    Celebrent Bachus leur roy,
    Par voz doulceurs
    Et grands valeurs,
    Je vous prie, attendez-moy.

CXXXIX

Responce au precedent

Le reconfort de vostre partement
M'est gracieulx aultant que je vous ame,

Et prends en gre le dur esloignement
Sans en trister que bien a point mon ame.
    Mais quand la Dame
    En perd sa flamme,
    De froid la convient pasmer
    Et ny a basme
    Perle ny gemme
    Qui sçeust doulcir son amer.

Pourtant, amy, je vous prie humblement,
Prenez le soing de m'ouster de ce pasme
Et retournez vers moy tant briefvement,
Que mon esprit vous y soubzhette et clame,
    Car seulle femme
    De dueil s'affame
    Et se laisse consommer.
    Son per acclame,
    Ou bien la lame
    Pour ses ennuytz abismer.

Or a Dieu doncq mon courtoys pensement,
La froidisseur de l'amour qui m'enflamme,
Adieu vous dy, vivez si noblement
Qu'en noz amours jamais ne viengne blasme.
    Car le bigame
    Dangier, l'infame,
    Veult tous amans diffamer
    Et les proclame
    A haulte game
    En l'air, en terre et en mer.

CXL

A Gylon

Tout mon dueil est que mon dueil n'a povoir
De vous donner de mes peines douleur,
Et que l'espoir, qui me faict hault vouloir,
Me tient luy-mesme en martire et langueur.
Mort veult que vive, et vie a mort veoir :
Qui gangnera, qui sera le vaincqueur ?
Ensemble vrais deux contraires avoir
C'est ung miracle impossible a l'aucteur.
C'est ung miracle estonnant tout sçavoir,
Fors que le tien dont pour ta grand valeur,
Myeulx veulx la mort a gloire recepvoir
Que mon Amour deffaille a ta rigueur.

CXLI

Dizain sus le mot de l'acteur

Vela que c'est, des biens et maulx d'amours
Les travaulx sont plus grands que le desduyt ;
Mais tout ainsy qu'il y a plus de flours
Qu'il n'y a pas en ung arbre de fruict
Et que le fruict est le meilleur tousjours,
Semblablement le mien qu'amours produyt
Tout viengne a tard et par longues clamours
Vault cent foiz myeulx ; et partant il s'ensuyt
Qu'il fault aymer, nonobstant plaindes et plours
Et que l'amer, le doulx, passe en circuyt.

CXLII

A mes petites seurs

Mon Dieu la toux ! ma commere et ma seur !
Las ! quel ahan ! j'en suys prest de transir.
Et si vous deux ne gardiez mon cueur
Je le fondroys a force de toussir.
Gardez le bien, il ayme vostre honneur
Tant qu'il vouldroit pour vous croistre accoursir
Et m'envoyez du vostre une vigueur
Pour ung petit mon espoir espessir
Contre les coups de si aspre douleur :
L'octroy est bon dont mal ne peult yssir.

CXLIII

A quatre chanoines d'Angiers

Si vous plaist, Monsieur de Mancy,
Breront [1], l'official aussy [2],

---

[1] Jean de Breilrond, originaire de Rennes, mourut en 1562, « quand commença nostre guerre civille », disait son épitaphe gravée sur cuivre, en l'église Saint-Maurice d'Angers.
  « Bon catholique a bien faire très prompt
  « Vertueux prestre et chanoine honorable
  « Protonothaire et partout vénérable... »
Le mss. 871 de la Bibliothèque d'Angers, p. 68-69, donne cette épitaphe en entier.

[2] Sans doute Hardouin Brehier, official d'Angers. (Voir l'introduction, ci-dessus, page 23.)

Avec Juigne ¹, ce bon seigneur
Me faire demain cest honneur
De disner avec la commere,
Je vous feray tres bonne chere
Selon nostre petit estat
Et si me vante d'ung bon plat
Et vous donner, en lieu de farse,
A chascun une belle garse.

CVLV

Despitz contre Gylon

Apres ma mort, je te feray la guerre,
Et quand mon corps sera remis en terre
J'en souffleray la cendre sur tes yeulx.
Et si mon ame est repetee aux Cieulx,
Croy seurement, dame tres rigoreuse,
Je t'envoyray flamme si chaleureuse,
De traictz a feu flamboyantz si tres fort,
Que tant vauldroit sentir armes de mort.
Et si je n'ay les droicts de bonne vie
Bien accomplis, je courray, a l'envye,
Sans distinguer le temps ny la saison,
Comme un garou entour de ta maison.
Toutes les nuictz, en ton lict avallee,
De moy lutin seras en peur soullee,

---

¹ Voir ci-dessus LII.

Et greveray incessamment ton corps.
Je te feray ainsy misericords
Comme tues a l'amoureuse essence.
Et si je fais en l'air ma penitence,
Leiger yray te nuyre et laidenger.
Si suys en l'eau, je t'y ferai plonger.
Et si je suys cache entre les nues,
Glaces alors ne seront retenues ;
Gresles, escler, ny tonnerres, aussy,
Je t'en battrai, sans grace ny mercy.
Finablement quelque chose que soye,
Je te feray la guerre en toute voye.
Si rien deviens, de rien te combatray,
Et sur tout rien a te veoir m'esbatray.
Moyen prendray d'issir de Phlegetonte [1]
Et des paluz infernaulx d'Acheronte,
Pour te grever comme je l'ay songe.
Et si je n'ay des Parques ce conge,
Ma bonne amour que tu as offensee
Rompra l'Enfer comme toute incensee,
Et s'en ira tes plaisirs estranger,
Car quand vivant je ne me peulx venger
Ne rendre aussy les angoisses semblables
Que tu me fais par rigueurs execrables,
Mort, te feray tant de griefs recepvoir,
Que ce sera grand pitié de te veoir.

---

[1] Comme l'Acheron, le Phlegeton était un fleuve de l'Enfer.

CXLVI

L'acteur aux poetes endormis

Estre es jardrins des nymphes Hesperides
Et ne cueillir ny violettes ny fleurs,
Entrer au gue des Muses Pierides [1]
Et ne gouster de leurs doulces liqueurs,
C'est a musars et gens de pouvres cueurs.
Avoir aussy sens, propos, temps, a main,
Pour faire chose agreable aux seigneurs
Et demeurer sans rien faire tout vain,
C'est desrober aux vertus leurs honneurs
Et qui tel est doibt souffrir soif et faim.

CXLVII

A ung sien parent

Veulx tu apprendre a joyeusement vivre
Et a passer tes jours en grand repos?
Laisse les cours des grands seigneurs a suyvre,
Ou il n'y a que faincts et vains propos.
Retire toy en quelque petit lieu
Gras et fertile, et tourne à dueil le dos.

---

[1] Les Piérides, filles de Piérus, ayant défié les Muses de chanter mieux qu'elles, furent changées en pies, par ces déesses.

Ne prends espouse, ains fuy la comme feu ;
Ou bien prends la telle, je te conseille,
Qu'elle ne soit trop belle n'y trop peu ;
Clergesse moins. A banqueter ne veigle
Et ne t'adonne a trop boire et manger,
Qui l'homme en vice et en crime assommeille.
Debatz d'aultruy ne vueilles chalenger.
N'ayes la main prodigue ny serree.
Tien ung estat moyen, sans le changer.
Durant l'yver prends ta robbe fourree.
Et sus l'este vestz toy leigerement.
Fuy toute envye et rancune alteree.
Ainsy vivras cent ans heureusement.

CXLVIII

Douleur du piteux temps d'aujourduy

Pleure la vie, Heraclite, des hommes
Plus que jamais, et par force de cris
Seiche tes yeulx tant que tu les consommes !
Desrathe toy, Democrite, en ton ris,
Car seurement, en ce temps ou nous sommes,
Les humains sont si meschantz et verris[1],
Que puys que Dieu est Dieu on n'a veu chose
Qui plus a rire et plorer nous impose.

[1] En Anjou, le mot *verri* s'emploie encore dans le sens de *moisi*.

CXLIX

A mon amy Philippes [1]

Esse ainsy que vous promectez,
Monsieur le bailleur de bons jours ?
En promectant, vous endebtez ;
En faillant, sont de maulvais tours,
Et fault que vous en repentez.
Bon Dieu mentirez vous tousjours ?
Je croy que vous y esbatez
Comme Françoyse faict d'amours !

CL

A quelqu'une

Si vous m'aymez, je vous prie, en pur don,
Ne m'appelez plus monsieur, Demoyselle !
Mais ou Germain, au Colin, ou Gylon.
Car porter peulx au moins le nom de celle
Dont mon cueur tient a tout heure sermon.
Pour me venger de sa beaulte cruelle.

CLI

Au commandeur Loys de Tinteville

En tes presens on congnoist clerement
Les grands vertuz que tu tiens en tresor,

---

[1] Voir ci-dessous CLXXIII.

Et que tu es divin aulcunement
De transmuer les parolles en or.
Mercy t'en rends et graces humblement,
Me vouant tien et a cry et a cor,
Comme a Gylon sus qui mon pensement
Sans repentir a pris air et essor.

CLII

Dicton sur une excellente paincture. — Au regardans

Nayes point peur, la Dame que regardes
N'est seullement qu'un soulas en paincture,
Mais de sa veue Amour tyre des dardes,
Durs aguillons d'aspre et bruslant pointure.
Dedans ses yeulx l'art a mys la parleure
Et a frustre la langue de ce bien.
— Ahy ! fuy t'en ! fuy t'en ! si n'as armeure.
— Fouyr, hellas ! la fuytte n'y vault rien :
Avant le cop, j'ay profonde bleçeure !

CLIII

L'acteur aux lecteurs

Si mes escriptz te deplaisent, lecteur,
Va t'en ailleurs tes plaisances choisir ;
Quand est a moy, j'y prends ung grand plaisir.
Suffist bien s'ilz plaisent a l'acteur.

CLIV

Dicton

Espoir abuse nostre vie,
Car si tardif en est l'effect
Que la mort plus tost nous devie
Qu'espoir n'a son plaisir parfaict.

CLV

De Gylon

La lune est belle et clere
Et le soleil aussy;
Mais Gylon nous esclere
De beaulte, sans mercy.

CLVI

Au seneschal de la maison de Rhodes, lors baillif de Manoasque

Saige bailly, patron de vigilance,
Cler œil d'honneur, digne aureille de prince,
Ne mectez point Colin en oubliance
Qui en vous seul son esperance evince :

Il est d'habit tout descouvert et mince
Et vous voyez l'yver qui le menace ;
Pourvoyez donc que le froid ne le pince,
Monsieur l'a dict, joygnez y vostre grace.

CLVII

Au Commendeur des Ruyaulx

Nobles Ruyaulx, sources d'honneur tres vives,
Qui ne seichez pour challeur ne froidure,
Quand Monseigneur tiendra ses hautz convives,
Ou vous servez manne, baulme, et verdure,
Remonstrez luy, par voix repercussives,
Le grand besoing que j'ay de couverture.
Jadis a Nice, en ses graces naifves,
Il commanda que jeusse une vesture ;
Mais son bailly a façons tant restives
Que n'ay rien eu : pour Dieu prenez en cure !

CLVIII

Au nepveu du grand maistre de Rhodes, Aurigny

Si Sarragoce avoit des chaulx yvers
Comme Ethiope [1] ou bien heureuse Indye [2],
Peu me seroit veoir mes os descouvers
Fors pour la fin honteuse et enlaidye.

[1] Ethiopie.
[2] Les Indes.

Comme Apolon ou Danys son couvers,
Content seroys de toille mal ourdye.
Mais le grand froid, trouvant mes pors ouvers,
Me presse tand qu'il fault que je vous die
Que si Monsieur[1] par vous n'entend mes vers,
Aspre froidure est dessus moy brandie.

CLIX

Dizain baille au vice-chancelier de Rhodes

Le moys de may est ung plaisir et joye
Que l'œil extraict de verdures et flours
Nez en buissons, prez, forestz, et saulsoye,
Dont il s'engendre ung appetit d'amours,
Ung hault espoir, ung profond pensement
Qu'on ne sçauroit dire en cent mille jours.
C'est ung doulx temps faict pour esbatement,
Qui nobles cueurs a grands choses exalte :
Par la s'en suyt bien evidentement
Qu'il n'y a point de moys de may en Malte.

CLX

Au Grand Maistre de Rhodes

Pourquoy faict il en Malte si grand chault ?
Qui meult Phebus d'y splendir et reluyre,

---

[1] Philippe de Villiers de l'Isle-Adam, grand maître de Rhodes.

Veu que tout bien en amours y deffault ?
Quelle beaulté ad ce le peult induyre ?
Ny Clymene, ny Daphne[1] si rencontre,
Nulle Gylon. Qui ce faict doncq tant luyre ?
Sont tes vertuz qu'il espart et demonstre
Jusques aux desers pour les faire produyre.

CLXI

Pouvrete souffre tout

Doulx et plaisant jadis me fust l'estude,
Mais pouvrete dure et espouventable
Me faict trouver l'escole austere et rude ;
Dont maintenant puisque l'on tient a fable
La poesie et que le populaire
Nomme l'estat d'icelle miserable,
J'ayme trop mieulx au temps ceder et plaire.

CLXII

Des jugemens inegaulx

C'est ung grand cas du jugement des hommes
Tant sont entre eulx d'opinion diverse,
Les ungs auront veu Logicques et Sommes,
Qui jugeront du tout a la traverse.
Et tel en court entre les grands converse

___
[1] Clymène et Daphné, nymphes aimées d'Apollon.

Qui semblera opiner saigement,
Qui maintenant mectra a la renverse
Ce qui a loz en tout bon jugement.
Dont vient cela qui faict la controverse ?
Peu, trop, ou rien causent l'estrangement.

CLXIII

A ung quidam vicieulx de cueur et de corps

Difficile est le couraige pourtraire ;
Le corps se peult demonstrer en paincture ;
Ces deux cas cy en toy sont au contraire
Car, revelant tes malles meurs[1], Nature,
Chascun en a notice et ouverture.
Mais le tien corps villain, salle et difforme,
Qui le paindra, quand nulle creature
En daigne veoir ny regarder la forme ?

CLXIV

A luy-mesmes

Ton nez jadis estoit si tres a dextre
Qu'ouvrant la bouche on jugeoit a tes dentz
Facillement quelle heure il povoit estre.
Mais aujourduy, par honteux accidens,

---

[1] Mauvaises mœurs.

V..... t'a, et dehors, et dedans
Si fort menge mesmement ton grand nez,
Qu'ores tu es de tous les regardans
Nomme camus, pourry, puant, punez.

CLXV

Encores a ce flagitieux

Du bien ou mal qu'aux aultres auras faict
Actends d'aultruy la pareille et l'effect.

CLXVI

De Francoyse maucourtoyse

Bien tost apres que Françoyse fust nee
Et quelle peult eslever l'œil aux cieulx,
Elle eut des dieux tel bien et destinee :
Premier, Pallas luy feist le sens heureulx ;
Venus, apres, luy donna ceste bouche
Dont le baiser est si tres savoureux ;
Diane, l'arc duquel bestes a touche ;
Crato, les yeulx ; et la langue, Mercure ;
Juno, les braz ; Mars, le cueur sans reprouche.
Puys, Jupiter forma sa belle alleure ;
Les cheveulx blonds eut de Aurore la belle ;
L'accueil, d'Amour ; des Graces, l'ornature.

Somme elle a tout de divine cervelle.
Las ! pourquoy doncqs, dictes-moy, beaux amys,
Est elle ainsy rigoreuse et cruelle
Vers ceulx qui sont a tout son gre soubzmis ?

CLXVII

Souhetz de l'abbe de Bourgueil

Comme quelqu'un vist Phelippe Hurault[1]
Heureux de nom, sang, sens, grace et richesse,
Il luy enquist si rien vouloit plus hault.
— Ouy, dist il, encore une noblesse
Que puisse a tous proufiter et valoir
Et demourer tousjours en ce vouloir.

CLXVIII

D'un eunuque fin valet

Comment gangna Pineau tant de proces,
Veu qu'il n'avoit ny bons ny faulx tesmoings,
Pas grand argent, moins aux dames d'acces ?
Pesche en trouble eau l'enrichit de tous points.

---

[1] Philippe Hurault de Chéverny et de la Grange, fils du baron d'Huriel, gouverneur du comté de Blois, conseiller d'État et intendant des finances, fut nommé abbé de Bourgueil en 1513, abbé de Saint-Nicolas d'Angers en 1523, abbé de Marmoutiers en 1537. Mourut à la Bastille le 11 novembre 1539.

CLXIX

Blasons du fol Polithe

Regardez bien tous en ma face
Si j'eu sens pour vous faire rire
Et n'en cerchez plus, car ma grace
Sans moy se tairoit a la dire.

CLXX

Aultre

Tel me crea Dieu Eternel,
Tel me forma dame Nature,
Et ma mere me porta tel
Et si plaisante creature.
Mais dictes moy, a vostre advis,
Qui m'a des troys les sens ravis ?

CLXXI

Aultre

Je suys Polithe, aussy poly
De corps, de mine et de semblance,
Mais le sens me fut aboly
Du propre jour de ma naissance.
Parquoy merveilles ne se fault
Si en ce cas le paintre fault.

CLXXII

Aultre

Si Nature me fust marrastre
Et a vous gracieuse mere,
N'en pensez moins estre mon frere :
Je suys de chaulx et vous de plastre.
Ris tu de ma veze[1], ou de quoy
Je suys ainsy painct et pourtraict ?
Ou pour me veoir rire d'effroy ?
Si dont je ris. Tu as ung traict
De folye aussy bien que moy ;
Et sy mon pourtraict t'y attraict,
Que eusses tu faict lors par ta foy
Quand je parloys si bien d'attraict ?
Or ma veze ne sonna oncques
Beau sire, pourquoy ris tu doncques ?

CLXXIII

A Philippes [2]

Jamais vous ne vous chastirez,
Mensonge en vous a pris son ply,
Tant plus vivrez, plus mentyrez :
Vous estes menteur acomply.

---

[1] Sorte de cornemuse, en usage dans le Poitou. En Anjou on appelait veze un petit instrument du même genre, que l'on faisait vibrer (vezer), sur les dents.
[2] Voir ci-dessus CXLIX.

Mais quand bien menty vous aurez
Et mys voz amys en oubly,
Le proufit que vous en ferez
Sera de vergongne remply,
Dont ung jour mal vous trouverez.
Amendez vous je vous supply !

CLXXIV

Aux Rhetoriciens modernes

Tous ces dizains que l'on faict aujourduy
Sont inventez a l'honneur des rondeaux
Et au mespris de celle ou de celuy
Dont le renom vainq leurs sens et travaulx.
Car les dizains, n'en deplaise a aultruy,
Sont vers sans art pour debiles cerveaux,
Qui de tous arts, fors du leur, ont ennuy,
Et de leurs riens font œuvres magistraulx.
Mais s'on en croit le grand prince du Puy
Clorre et rentrer sont miracles nouveaulx.

CLXXV

A ung trompette des dizains de Marot et Jamet [1]

L'huytain a part et chascun des dizains
Sont fort bien faictz, et ny voy que redire,
Mais la *faveur* qui les rend si haultains
Merite plus, car sans elle a vray dire

---

[1] Lyon Jamet, l'ami de Clément Marot, qui lui écrivit en 1525 de la prison du Châtelet l'ingénieuse épitre où sous le symbole du rat il invite son ami Lion, à solliciter sa grâce.

Tous les escriptz de Marot seroient vains,
Et ne pourroit Jamet jamais escrire.
Je les congnoys : ilz ont la grace es mains,
Grace, bon Dieu ! grace de Reine et Sire,
Dont bas espritz deviennent souverains
Et qui bien peû faict grandement suffire.

CLXXVI

A l'esleu Devyn, estant sa femme en couches

Je vous yrais en ces grands couches veoir
Si je povois en croire mon desir,
Mais il m'a faict tant de foiz dueil avoir
Qu'en le prenant il m'en fault dessaisir
Et en son lieu grand regret recepvoir,
Regret de bien engendrant desplaisir.
Ainsy voyez mal de bien concepvoir
Et mon desir en desirant moysir.
Dont vient cela, le voulez vous sçavoir ?
C'est qu'on n'a pas de bien faire loysir.

CLXXVII

A Phelippes le paresseux

Paresse ! tiens toy bien, paresse,
Jamais le temps ne te fauldra
De prendre soucy, c'est simplesse ;
Car ce qui doibt venir viendra
Et de rien n'y sert la vitesse ;
Qui part de bonne heure attaindra ;

Si le loup estrangle l'asnesse
Tandis que le moulin mouldra,
Phelippe en rid à sa jeunesse,
Et prenne la peau qu'il vouldra[1] !

CLXXVIII

Oraison a la requeste du commendeur Tinteville, faicte a Chambery

Plus que sainct, devotieux Suaire[2]
Dont le pleigeur d'humaine creature,
Crucifie en croix patibulaire,
Eut apres mort premiere couverture !
O linceul sacre, ou la digne figure
Du Fils de Dieu est sus le vif empraincte !
Linge eternel ou tante chose est paincte,
Qu'en ton aspect tout cueur tremble et souspire !
Dieu creu en toy sa grace nous respire.

O de la Foy l'excellent reliquaire,
Le vray pourtraict du hault Dieu de nature,
Pris au cercueil, et noble sanctuaire
Ou par troys jours il fut en sepulture !

---

[1] Presque toutes ces phrases sont des proverbes et dictons du temps de Colin.

[2] La relique du Saint-Suaire, aujourd'hui dans la chapelle royale de Turin, est de quatre mètres de toile de lin, jaunie et rayée, comme du basin, tachée de sang, notamment à la place de la tête du Sauveur. En 1536, François Ier l'avait emportée de Chambéry à Turin, d'où Brissac la rapporta. Entre 1559 et 1578 elle fut définitivement amenée à Turin. (Voir Thomas Chiuso, *La SS. Sindone*. Torino, 1885, in-18, pp. 52 et suivantes.)

Le vil pecheur, tache de forfaicture,
Triste et honteux devant cil me presente
Dont le sang vif en toy se represente !
Sang distille de son humaine essence
Criant mercy de ma coulpe et nocence !

O beau Linceul ou Dieu voulut pourtraire
Sa Passion et la mectre en paincture,
De ce pur sang qu'on feist de luy extraire
A ruddes coups d'excessive bapture !
O remanant de la riche tainctnre
Dont les pechez des humains aggravez
Myrablement furent taincts et lavez
Et puys absoubz au parlement supreme
Par l'efficace et vertu du baptesme !

O Redempteur piteux et debonnaire
Filz d'une vierge entiere et sans fracture !
Enflamme en nous ung devot luminaire
Pour veoir plus cler ta saincte pourtraicture
Que tu laissas a la joye future
Et reconfort de tous bons chrestiens ;
Loge en noz cueurs ta grace et l'entretiens
A contempler ta dure Passion
Et prends enfin de nous compassion.
   Amen.

CLXXIX

Les beaulx noms ne font pas les gens de bien

Freres tres bons, vostre nom sonne bien ;
Mais touteffoys n'en prenez point de gloire,

Car a la chose il ne convient en rien :
Tout vostre faict est de trouble memoire.
La chose au nom donne force, et l'hystoire
Pour les beaux faictz non pour beaux noms est leue:
Qui nommeroit os de lanterne [1], yvoire,
Et le fer, or, tuffe, lycorne esleue [2],
Ilz ne seroient pourtant de leur value,
Et ne tiendroient leur resplendeur jamais.
Soubz beau semblant, menez vie pollue
Dont pour tres bons serez dict tres maulvais.

CLXXX

Contre les sotz riches

Pour ce que n'ay or ny argent en bourse,
Gemmes es doitz, ny la table eburnee
Et que fortune a mes veuz est rebourse,
Que ma maison n'est fulgent ny ornee
D'antiquitez ou de vieilles ymaiges,
Pour ce que n'ay mondaine destinee
Et que je suys sans aulcuns heritaiges,
Pour ce que n'ay tourbe de serviteurs

---

[1] Les lanternes étaient ordinairement garnies, au lieu de verres, de minces plaques de corne ou d'os.

[2] Plusieurs quadrupèdes, entr'autres l'antilope oryx, prirent le nom de cet animal fabuleux. La corne de licorne passait pour être un contre-poison incomparable, on en conservait de petites parcelles choisies dans les trésors, pour les enchâsser comme bijoux dans des objets de valeur.

Vassaulx, subjectz, simples ny haultz hommaiges,
Ung tas de gens, barbiers, foulons, forgeurs
M'appellent *beste* et *sot* a tous envers.
Noblesse aussy, de race et non de meurs,
Villain me font et me reputtent beste,
Me regardant de tort et de travers
Comme si j'eusse une corne en la teste.
Chascun me hait, chascun me dampne et fuyt,
Car aujourd'huy on ne faict cas ny feste
D'homme vivant, tant soit il clerc instruit,
S'il n'est puissant d'heritaige ou pecune.
Le riche seul est saige, et qui ha bruict ;
Seul est loue, a voix simple et commune ;
Mais s'on[1] vouloit les honneurs departir
Par les vertuz, sans hazard de fortune,
Ils se verroient plus *bestes* sans mentir,
Plus estonnez, plus sotz et plus honteux
Que gros bouviers, car pour a droit sentir,
Vrais honneurs sont qu'on porte aux vertueux.

CLXXXI

A ung quidam

L'ymage d'or que Michel[2] a pourtraicte
Est sur ton vif assez proprement faicte

---

[1] Si on.
[2] Nous ne connaissons pas d'artiste de ce nom, en Anjou. S'agirait-il d'un orfèvre de Tours, Eloi Michel, connu par un acte de 1532, cité par M. Giraudet : *Les Artistes tourangeaux* ? (Tours, 1885, in-8°, p. 295.)

Tant qu'on dyroit c'est Anthoine Tritoy,
Si elle fut punaise comme toy ;
Mais elle sent le musc et le binjouin
Et toy tu es puant comme ung fouin ;
Item, tu as une aureille pourrie,
L'ymaige non ; en quoy l'ouvrier varye,
Dont tu lui es grandement debiteur,
Quant pour cacher ton vice il faict erreur.

CLXXXII

A Monsieur de Mandon, chanoine d'Angiers [1]

Nous avons veu voz deux espitres
Et selon nostre jugement,
Ce sont perles dignes de mytres [2]
Qui ont de plomb l'enchassement.
Mais si, pour vostre esbatement,
Daigniez abaisser voz tiltres
Et venir en l'hebergement
Des pouvres rustres et ministres,

---

[1] Jacques Mandon mourut le 25 novembre 1555. Le *Répertoire archéologique de l'Anjou*, 1865, p. 265, cite la longue épitaphe en vers que fit placer à la cathédrale, sur son tombeau, en 1566, son neveu, Guillaume de Mandon, en restaurant un autel fondé par lui, et détruit par les Huguenots :

« Feu mestre Jacques de Mandon
« Noble de cœur, d'œuvre et de nom
« Prestre était, chanoine, curé ;
» L'honneur de Dieu a procuré... »

(Voir le mss. 871 de la Bibliothèque d'Angers, pp. 10 et 12.)

[2] Digne d'un évêché ou d'une abbaye.

Combien qu'ayons pouldreux pupiltres
Et que vivions dietement,
Nous vous ferons chere sans citres :
La kyrace[1] a commandement.

CLXXXIII

Amours hait les enuques

Comme Pineau, ce pauvre complaignant,
Tyrast a droit les nymphites d'amours
Il succomba, nulz tesmoings enseignant
Peult vaincre en cause ung enuque en noz cours.

CLXXXIV

Au juge de la Prevosté Le Bret

N'auray-je rien pour mes lectres en prose
Ny pour l'effect de ma juste requeste ?
Faut-il rythmer pour si petit de chose
Dont le butin prophane la conqueste ?
Bien de pardieu ! si grace en est desclose,
Grand deviendra ce peu que j'en compose,
Monstrez la doncq que plus ne vous en breste,
Car tant prier, comme je presuppose,
Ce ne vous est qu'un rompement de teste.

[1] *Sic ?*

CLXXXV

Doloreux est le regard de Gylon

Qui regardoit jadis Meduse en face
Il devenoit souldain en pierre dure.
Or maintenant, si quelqu'un prend l'audace
De te myrer, quel sera son augure?
Il sera roc, de piteuse adventure,
Et en ce roc a jamais demourront,
Espoir, pleur, dueil, ennuy, soucy, jacture
Et bienheureux pourtant qui te voyrront.

CLXXXVI

Celebration de la vigile Saint-Martin

Gentilz pions, amys de la bouteille,
Qui vous levez pour mieulx boire matin,
Je vous requers qu'un chascun s'apareille
Pour celebrer la feste Sainct-Martin!

Gens savourans liqueur blanche et vermeille,
Acourez tous au solennel festin
Que Bachus faict soubz une verde treille,
Pour boire en grec, en flamant, en latin!

Meurtriers de vin, dont la gorge traveille
Depuys le jour jusques au vespertin,
Beuvez si fort que le vin s'en merveille
Pour celebrer la feste Sainct-Martin!

Gens saphirez qu'un dint de verre esveille,
Ausquelz le boire eschauffe l'avertin,
N'espargnez pas le creux de vostre beille
Pour boire en grec, en flamant, en latin !

Beuveurs d'aultant, beuveurs pour la pareille,
Vuydeurs de potz et tasses a butin,
Chascun de vous en ce jour se reveille
Pour celebrer la feste Sainct Martin !

Gros taverniers, beuvans a pleine seille,
Filz du pressoir ayans cerveau mutin,
Monstrez qu'avez alaine nompareille
Pour boire en grec, en flamant, en latin !

Prince Bacchus, le grand Dieu, vous conseille,
Quand vous aurez avalle mainct tatin,
Que reprenez goust en une aultre fueille
Pour boire en grec, en flamant, en latin !
Puys soubz la table ung chascun s'assommeille
Pour celebrer la feste Sainct Martin !

CLXXXVII

A Monsieur de Granville et du Jau [1]

Or, dites, Monsieur de Granville,
Me donrez vous ung peu de boys ?

---

[1] Sans doute Beaudoin du Fay, sieur du Jau, mort le 9 avril 1529, époux de honneste femme Marguerite Le Comte, qui décéda le 9 juin 1533. Une fondation en l'église Saint-Pierre

Si promesse honnesté et civille
Nous oblige autant que les loix,
L'acquit en sera plus facile
Que le reffus de deux charrois.
Et si jamais je suys habile
En chose pour vous de bon pois,
Je soys de tous membres debile
Si je m'en fais prier deux fois.

CLXXXVIII

A Philippes Bourgoygnon [1]

Je vouldroys bien tous les plaisirs vous rendre
Que m'avez faict depuis ung an ou deux ;
Mais je n'en peuz la maniere comprendre,
L'esprit me fault d'espoir si langoreux.
Je vous supply, ne vous fasche d'attendre
Encore ung peu, que le de tourne mieulx,
Ou aultrement, il vous conviendra prendre
Ce que je veulx pour ce que ne peux.

---

d'Angers était rappelée par une inscription gravée sur cuivre et relevée dans le manuscrit de Bruneau de Tartifume, 871, à la Bibliothèque d'Angers, p. 275.

[1] Il s'agit sans doute ici de Philippe Bourgoinon, libraire à Angers, que cite M. Port, dans son *Dictionnaire*, aux dates 1539, 1559.

CLXXXIX

De Gylon

Sus ung drap d'or painte estoit toute nue
Dame Gylon, la plus belle a la ronde.
Passant aupres elle s'y est congneue
Aux traicts des yeulx, et a la face blonde,
Son corps regarde et toute sa faconde
Et point n'y a difference apperceue,
Par quoy la belle, ou tant de grace habonde,
Aulcunement esbahye et deçeue,
Demande au paintre ou nue l'avoit veue ?
Le paintre dist : — Ung loyal amoureux
Qui en l'ardeur de ta grace tresue
M'a enseigne ce portraict gracieux.
— Comment cela ? feist la belle aux beaulx yeulx,
Nue de corps me veid-il de sa vie ?
Amour le hait et le fuyt en tous lieux !
Le paintre dist : — Sa pensee ravye
Son tainct pally, l'Amour qui l'en devye,
Monstrent combien tu es descente et belle.
— Et voire may, si je n'ay point d'envye
D'estre amoureuse, et que a tous suys rebelle,
Pourquoy m'as tu painte doulce et isnelle ?
Le paintre alors ces motz a respondu :
— Ta face apert en doulceur solennelle,
Mais ce qui est en ton cueur enfondu
Ne nous est pas monstre ny estendu.
Si, soubz beaulte, tu te veulx monstrer dure,

Paings en ton fronc et sourcilz long fendu
Ces mots ycy : Je suys de tel nature
Qu'on perd en moy pourchas et adventure ;
Pourtant amans reculez vous de moy
Et pourchassez ailleurs vostre pasture,
Car d'aymer n'ay ny soucy ny esmoy.

CXC

A Gylon

Fleurs de lys je t'envoye,
Non du tout pour ta joye
Mais aussy pour la leur,
Affin que leur blancheur
Ne fanisse, mais vive
Pres la tienne naifve.

CXCI

A l'esleu Le Devin. — De Françoyse

Cueur non jamais d'amour vivant actaint,
Fors du recit du bien qu'on y rencontre
Ou de la voix d'ung souspir de dueil praint,
A qui siet-il ? Dictes ou pour, ou contre.
Telle, a clos yeulx, Françoyse se desmonstre,
Car ou soit bien ou mal qui en redonde,
Trouble luy est le soleil de ce monde,

Et hait le ray qui son umbre enlumine,
Tout estimant, fors son penser, vermine.

Corps qui est beau jusques a fin d'envye,
Ou les beaultez des aultres sont myrees,
Et la terre est glorieuse, pleuye,
Qui places a assez dignes parees
Pour amuser choses si honorees,
A qui siet-il? Certes, c'est a Françoyse,
Car son aspect, l'air sereine et acoyse
Tout ens luy rid, la mer souffre ses peaultres
Et vit sa grace entre la mort des aultres.

Parler ouvert, sans fard ni baverye,
Premier yssant du cueur que de la bouche,
Gros de sentence et maniere meurye,
Prise en beau moulle et incoulpable souche,
A qui siet-il? A Françoyse il attouche.
Comment cela? Car sa parolle vault
Tant qu'assez n'ay pour escrire si hault.
Mais cil le voit en vision mentalle,
A qui ses biens et secretz elle estalle.

Congnoissant doncq ma pleume a son loz moindre
Que blasme et loz ne la haussent ni baissent,
Ny qu'aulcun sens aux parolles peult joindre,
Mut me fault rendre, et que les fins me laissent
Que j'actendoys sus ceulx qui d'elle croissent.
Ce nonobstant, si je l'ay pris si chault
Que la raison par raison mesme fault,
Je n'en doy pas pour moins faict sentir coulpe
Car qui peu sçait, sa grand coulpe descoulpe.

CXCII

A ung Taron

Quand je n'auray jamais de voz nouvelles
Estimez vous, Taron, que j'en empire?
C'est mal cogneu mes longes et vervelles,
Mais bien est vray que juste Amour soupire
D'estre deçeu par voz semblances belles,
Et que de vous j'ay failly a bien dire.
Je m'en repens, car par mes estincelles,
Vous ne vallez a bouillir ny a frire.
Allez, grand sot, forlignant ses mammelles,
La peine est plus que vous a vous mauldire.

CXCIII

A l'esleu Le Devyn

Mais estes vous ainsy fume
Comme Phelippes[1] le nous compte,
Pour ung dizain que j'ay ryme
Contre une amour qui nous affronte?
Vous n'en serez pas estime
De ceulx qui entendront le compte,
Si n'est de quelque perfume

---

[1] Probablement Philippe Bourgoinon, le libraire. Voir ci-dessus pièce CLXXXVIII.

Qui a beu sans soif toute honte.
O que l'elephant est pasme
Quand une mousche le surmonte !

CXCIV

A ung saige et discret adolescent

Maistre Jacques, mais dictes nous,
De ce joueur de gobelet,
Vous feist il dancer maulgre vous ?
Le tour serait fort nouvelet
Qu'un basteleur feist davant tous
D'ung philosophe son valet.
Il fault hurler avec les loups
Quand on y est faible ou seulet [1].
Mais on ne gaigne avec les foulz,
Fors vergogne et du poil folet.

CXCV

Responce a ung syen amy qui avoit perdu sa fille

Il me deplaist de vostre angoisse
Et n'est homme que je congnoisse
Que plus voulusses secourir
Et feray voulentiers courir
Et estragner toute la ville
Pour savoir ou est vostre fille.

---

[1] Vieux proverbe conservé presque mot pour mot dans la langue moderne.

Et s'elle y est soyez tout seur
Que vous l'aurez, mais j'ay grand peur
Qu'elle ait ja faict quelque désordre.
Car vieille hard ne se peult tordre
Ny c... p..... garder sans c........
Amplus que sans sel les andouilles.

CXCVI

Response a ung quidam qui mectoit l'acteur au nombre de plusieurs grands rhetoriciens

Entre mil escus de bon poys
Ung leger voulentiers se passe,
Aussy ceulx qui m'ont mys en choys
Font sus moy leur grace sans grace,
Car rien ne suys. Et touttefoys
Pres les bons ilz me donnent place,
Pour passer mon rude patoys
Soubz l'ombre de leur efficace.
Si j'en suys ou non, tu le vois :
On congnoist la beste a la trace.

CXCVII

De Françoyse Maucourtoyse

Quant Venus veit Françoyse en pourtraicture
Elle rougit et dist a ses Carithes [1] :

---

[1] Charites, nom des Graces.

— Ceste me passe en beaulte de nature
Et ne vouldroys contendre a ses merites.
En eust Paris toute judicature
Ou mon enfant ou vos graces inclites.
Les Graces lors, contemplans la figure,
Ne dirent mot tant estoient interdictes.
Parquoy Venus feist ouster la painture
De peur de veoir ses graces desconfites.

CXCVIII

A Gylon

L'occasion est chauve par devant,
Pour desmonstrer que qui ne la prend d'heure,
De son bien mesme il se va decepvant
Et n'est pas digne apres qu'on le sequeure.
Pensez y bien, Gylon, dorenavant
La faulte est grand dont le souvenir pleure.

CXCIX

A Monsieur le baron de Pince, la Jaile

Ces jours passez, ainsy que l'on devise
Aulcunes foys du vent, de la chemise,
Ou de propos qui approchent du cueur,
Vostre Françoyse, et ma petite seur,
Me dist de vous envers moy tant de grace
Que j'en rougis de honte a toute place ;

Et me pressa, par ses belles raisons,
De vous escrire ung peu de noz façons,
En me faisant par ses sermentz acroire
Que prendriez plaisir de telle gloire :
Gloire pour vray de sot et de musart
D'oser escrire en si tres digne part,
A l'appetit d'une telle bourgeoyse
Sans achoison, ny matiere qui poyse.
Mais je m'atends que vous le prendrez bien,
Ce nonobstant que peu vous vaille ou rien.
Or voyez doncq sont navreures sans playe
Bruslans mon cueur entre l'escorce et taye,
Que myses ay en ryme ; puys un peu,
En les lysant, gardez vous bien du feu.

Si ce n'estoit mon cruel pensement
Qui tient mon corps en angoisse et martyre,
J'oserays bien resister vaillamment
Encontre Amour quoy qu'il soit puissant sire.
Mais mon penser y donne empeschement.
Car quant je veulx m'en retraire, il m'atyre ;
C'est son guydon, et par luy seullement
Françoyse m'ard, et hait ce que desire.
Ah ! faulx penser ne t'excuse aultrement
Car sans toy seul Amour auroit du pire !

Vostre Françoyse a des dons de nature
Pour triumpher, s'elle veult en grand bruyt,
Mais quand la vigne est vendengeable et meure
Et qu'on n'en cueille en la saison le fruict,
Le raisin chiet ou tourne en pourriture,
Et n'en peult-on avoir bon usuffruict.

Remonstrez-luy, car la chose est bien seure,
Qu'en bien perdu n'y a point de desduyt,
Mais ung regret et repentance dure
Qui dure apres que la grace s'en fuyt.

De froyde neige, yst une flamme ardante
Qui me nourrist et ard le triste cueur.
De fresche rose, yst espine poignante
Qui dueil m'aporte en une doulce odeur.
De marbre dur, yst une eau courante
Qui croist la soif de sa clere liqueur.
D'Amour cruel, j'ay perte profitante
Qui tient ma vie en plaisante langueur.
Et de Françoyse, yst grace si grevante
Que de son ris elle engendre du pleur.

Ou t'en vas-tu mon cueur si doloreux
Non pas le myen, mais de Franscin la belle ?
— Je m'en reviens devers toy tout honteux,
Car elle m'a chassé, tant est cruelle,
Disant d'Amour mille maulx en tous lieux.
— Je ne veulx point te reprendre sans elle.
Va, trouve Amour, il t'en fist envyeux.
— Si je le trouve et n'en croit la nouvelle ?
— Cerche a mourir, car il t'en prendra mieulx
Que luy fausser ta foy, ny ton beau zele.

O doulx souspir qui sorts de la liqueur
De l'estomach de ma belle maitresse,
Dy moy, pour Dieu ! nouvelle de mon cueur,
Que faict-il la ? — Amour le tient en lesse

Et semble veoir qu'il soit son gouverneur,
Car la-dedans il voit tant de noblesse,
Tant de vertus, de graces et d'honneur
Que peu luy chault si tu vis en tristesse.
— O sort inique et miserable erreur
Quand le meilleur de moy me nuist et presse !

CY APRES SONT AULCUNS RONDEAULX

CC

A Hardoyn Brehier, mon compaignon de tout

Conseillez moy, comme g'y doy entendre.
Amour, qui sçait les cueurs des gens surprendre,
A pris le myen. Certes ! il est perdu.
Mon corps en est si mat et confondu
Qu'il est quasi prest de s'en aller pendre.

Possible est-il de le povoir reprendre,
Sans vers Amours trop grandement m'esprendre,
Veu qu'il est ja son prisonnier rendu ?
    Conseillez moy.

Songer ne peuz la façon d'y pretendre,
Car Amours est a l'espine si tendre
Que s'il sçavoit que j'eusse pretendu
De lui ouster mon cueur, au residu
Il me feroit de tous plaisirs suspendre.
    Conseillez moy.

CCI

A Gylon

Jusques au revoir, Adieu! ma Demoyselle.
Jesus vous dont saute continuelle
Et du bon heur qui jamais ne forvoye.
Fort me desplaist que je ne vous convoye
Mais malebouche est trop desnaturelle.

Si ay-je espoir que, maulgre la rebelle,
Vous reviendrez ceste saison nouvelle.
Mais d'esperer je n'auray pas grand joye
     Jusques au reveoir.

Par quoy vous pri, tres humble jouvencelle,
Dont le depart en douleur me chancelle,
Que oblyvion tant fort ne vous desvoye
Que ne mectez de voz esprits en voye
Pour consoller l'ennuy que je vous celle
     Jusques au reveoir.

CCII

A Gylon

Aupres de vous mes ans vouldroys moysir;
Mais d'y aller tousjours en vain desir

Et battre a froid c'est ung flux de douleur.
Il m'est advis qu'on me creve le cueur,
Quand j'en reviens reffusé de plaisir.

Que voulez vous mander pour desplaisir ?
Je vous supply, laissez moy seul transir
En ma maison, sans croistre ma langueur
  Aupres de vous.

D'aultres povez mieulx eslire et choisir
Pour deviser du beau temps a loysir.
Bien si ma mort close en vostre rigueur
Souldain parust, ou pitie eust vigueur,
Joyeulx yroys mort ou vie saisir
  Aupres de vous.

CCIII

A son compaignon

D'arrache pied, quand le faulcon a pris,
Il luy convient vervelles [1] de hault pris,
Longes, et getz de riche et fine soye,
Cest le debvoir aux bons oyseaux de proye ;
Chaperon neuf y peult estre compris.

---

[1] Dans la fauconnerie, la vervelle était l'anneau rivé aux pieds des oiseaux de proie, et portant les armes et le nom de leur maître. Les longes, getz (lacets), et chaperons sont également des termes de fauconnerie.

Le faulconnier, lors, de joye surpris,
Si dame void en quelque beau pourpris,
Deux ou troys foiz il la baise et festoye
   D'arrache pied.

Voire et le faict, sans en estre repris,
Car c'est son droit. Helas ! que n'ay-je apris
Si beau mestier ou l'on a tant de joye !
Cent mille foiz alors je baiseroye
Gylon, qui a ravy tous mes espris
   D'arrache pied.

CCIV

A Gylon

Comme ung phenix est sans pareil au monde
Ainsy es-tu en beaulte et faconde,
Fille sans per, qui bien le sçait comprendre,
Car sus toy n'a chose qu'on sçeust reprendre
Fors cruaulte, dont tu tiens table ronde.

Je ne sçay pas ou ton penser se fonde ;
Mais on voira flestrir ta face blonde
Et ne pourras revivre par ta cendre,
   Comme ung phenix.

Doncques tandis qu'en toi beaulte habonde,
Veu qu'aucun bien de rigueur ne redonde
Et que la grace aux bons se doibt estandre,

Vueilles en cil ton amour condescendre
Qui te repute et pense sans seconde,
    Comme ung phenix.

CCV

A son compaignon

A bien juger, belle femme sans grace
Semble ung apast sans haim, ou une nace
Sans ung bouchon en l'eau mise et couchee,
Car tout ainsi qu'en nace desbouchee
Tout franchement le poisson oultrepasse.

La femme ainsy qui n'a que belle face
Ne porte point d'amoureux efficace :
Force d'amours en la grace est cachée,
    A bien juger.

La, Cupido, de son arc, se solace
Et ne va point aultre part à la chace,
C'est le buysson ou il tient enbuschee
La fleche d'or qu'il a si tot laschee
Que de fouir on n'a jamais espace,
    A bien juger.

CCVI

A quelqu'une

Que ne vous voy je suis tres-fort marry
Et me deplaist de ma longue demeure.

Mais je ne peulx m'en aller pour ceste heure
Car mon proces tyre au charivary.
Que pleust a Dieu que l'homme fut pourry
Qui m'a cause le meschef dont je pleure,
   Que ne vous voy.

L'espoir qui m'a jusques ycy nourry
De son doulx fiel au demourant sequeure,
Car sur ma foy sans cesser je labeure
Tant suys d'ennuy cassé et emery,
   Que ne vous voy.

CCVII

A Gylon

Aupres du vif d'un ange est façonnee
Et des cieulx has si haulte destinee,
Que vertu dy estre en toy satisfaicte.
Pres ton sçavoir Pallas est imperfaicte;
Et Juno n'est si bien moriginee.

Venus pres toy semble toute fanée,
Car beaulte as des graces tant ornee,
Que paintre n'est qui sçeust t'avoir pourtraicte
   Aupres du vif,

Et si du temps tu eusses este nee
Que Discorde eut leur beaulte mutinee,
Priere n'eust a Paris estre faicte

Qu'il eust juge d'elle la plus perfaicte,
Mais qui sembloit sus toy myeux patronnee,
   Auprès du vif.

CCVIII

A Gylon

Sans dire adieu, vous ay voulu laisser,
Non par mespris ou aultre mauvais fy,
Mais vostre amour m'est en si grand soucy
Qu'un tel adieu m'eut faict trop angoisser.
Vous povez bien aussy croire et penser
Que force fut de m'en aller ainsy,
   Sans dire adieu.

Regardez doncq, ains de vous courroucer,
Que je n'ay pas tout le tort en cecy
Et m'excusez, je promectray aussy
Si loing de vous jamais me desplacer,
   Sans dire adieu.

CCIX

A une faulse m........

A sang et feu guerre lui signifie
Et le combat a tous je notiffie
Qui soustiendront sa mauvaise querelle,
Car Angiers n'a plus faulse m.........
Ne qui plustost mensonges amplifie.

L'honneur des bons d'opprobre crucifie
Et a semer discords se glorifie ;
Vela pourquoy picque je prends contre elle,
  A sang et feu.

Celuy n'a pas sens de philosophie
Qui en ses dictz aulcunement se fie
Et son secret luy descouvre et revelle,
Car a chascun elle en porte nouvelle
Dont a bon droit je la hay et deffie,
  A sang et feu.

CCX

A ung quidam

Du coq en l'asne on peult bien faire ung sault
En troys endroitz chascun pour le plus cault :
Le premier est, quant l'amant et la dame
Veullent changer l'ung a l'autre leur arme
Et le mary chet entre eulx en sursault.
Puys quand le cueur de fille amant tressault
Et que sa mere enqueste qu'il luy fault,
Muer luy doibt la penser qui la pasme,
  Du coq en l'asne.

. . . .

CCXI

Pour autruy. — A une amoureuse de plaine salle

Tout au rebours de mes intentions
Je t'ay trouvee en toutes actions
Ingratte et fiere, indigne et desloyalle.
Qui eust pensé, beaulté tant specialle,
Amer le fard et tant de fictions !

Certes ! Nature en tes proportions
Faillut beaucoup, car de conditions
Te voullant bonne, elle te feist tres-malle,
   Tout au rebours.

O quelle erreur quan tes discentions
Il adviendra pour tes affections
Dont tu fais change a chascun bout de salle !
En lieu d'honneur il en sourdra scandalle.
Vela la fin de tes mutations,
   Tout au rebours.

CCXII

A je ne sçais qui

Tant que rien plus vostre grace floronne
Dans la beaulté que Nature vous donne :

Beaux yeulx avez, beau nez et belle bouche,
Beau tainct, beaulx traictz, beau geste et belle [aprouche,
Le parler beau qui bellement resonne.

Mais la beaulte, qui belle vous façonne,
Est moins que rien, car vous n'estes point bonne.
Tout vostre faict est subject a reprouche,
    Tant que rien plus.

Que vault cela d'estre belle personne
Si la beaulte a bonte ne s'adonne ?
Il vaudroit myeulx femme avoir laide et lousche
Qui bonne fust, que belle dosne en cousche
Qui rien ne vault. Ma sentence raisonne,
    Tant que rien plus.

CCXIII

Regret d'une bonne Angevine

En paradis Jesus-Christ preigne l'ame
De ceste cy, qui gist soubz ceste lame.
Gente de corps fut, et de beau visaige,
Tant qu'au penser le cueur triste a viz ai je
Aussy a bien tel qui si fort ne l'ame.

Sainctes et saincts ! envers Dieu vous reclame
Que facez tant pour celle que je clame,
Que de voz biens elle ait part et usaige
    En Paradis.

Vivante fust sans reproche et sans blasme,
Tant qu'apres mort ung chascun la proclame
Perle d'honneur, patron de femme saige.
O Gabriel! qui portas le messaige [1]
Pour nous saulver, fay place a telle dame
    En Paradis.

CCXIV

A une belle rebelle

Au gre d'amours je vous cheris et prise,
Aymez moy doncq, point n'en serez reprise,
Ny le danger sur nous ne sortira,
Car tout le faict secret garantyra
Et soubstiendra si loyalle entreprise.
Vostre jeunesse et beaulte tant esprise
Ne doibt pas estre au mary tant soubzmise
Qu'amy n'ayez qui a tout supployra
    Au gre d'amours.

Car dame n'est, princesse ny marquise,
Qui quelquefois sa grace ne divise
Et de tant plus grace en departyra,
Plus de merite et loz on en dira.
Monstrez vous doncq gracieuse a leur guise,
    Au gre d'amours.

[1] Allusion à l'Annonciation.

CCXV

Responce dure

Au gre d'amour telle qu'avez emprise
Je ne cherray pour nul homme en reprise,
Ny mon mary point on s'en mocquera,
Jamais son lict d'honneur ne vacquera :
En cela suys resolue et aprise.

Si la Nature en moy beaulte a sise
Pas moins n'en suys chaste, je vous advise.
Pour tant cerchez ailleurs qu'il vous plaira
    Au gre d'amours.

Car puisque Dieu, sa loy et son Eglize
De noz deux corps en ung la chair ont mise,
Homme vivant ne la divisera ;
Et quand la Mort le devis en fera
Encor apres luy seray-je soubzmise
    Au gre d'amours.

CCXVI

De mesme paste

Pour vostre amy, tres-belle creature,
Si vous voulez entendre, a l'ouverture

Je vous feray tant de plaisirs extraire
Que jamais dueil ne vous sera contraire
Sinon d'avoir retarde l'amour seure.

De quoy vous sert la beaulte que Nature
A mise en vous a grand comble et mesure,
Si n'en voulez quelque grace parfaire
   Pour vostre amy ?

La beaulte chet comme la floriture :
Usez en doncq, tandis qu'elle vous dure,
Et n'attendez vos vieux ans a le faire
Ou le plaisir sera froid de l'affaire ;
Et ja m'aurez loyal je vous asseure,
   Pour vostre amy.

CCXVII

Responce de nonplus y retourner

Pour mon amy, de vous, je n'en ay cure ;
Le dieu d'Amours d'un aultre me procure
Duquel la grace est a tous exemplaire ;
Fors a lui seul, je ne vouldroys complaire
Fust ung Paris[1] ou ung divin Mercure.

Vous perdez temps de m'en faire ouverture
Et d'en souiller le papier d'escripture,
Car je n'ay point desir de vous attraire
   Pour mon amy.

[1] Le beau Pàris, juge des Graces.

Cerchez ailleurs amoureuse pasture
Puisque voyez que les dieux et Nature
M'ont par sus tous inclinee a luy plaire.
Point ne vous doibt le reffus trop desplaire
Si je me tiens loyalle, sans fracture,
   Pour mon amy.

. . . .

CCXVIII

A ung argentier de court

Pour ceste foiz, veuillez moy secourir,
En actendant que l'on face mourir
Malheurete, qui a mon bien s'opose.
Ung pouvre escu est a vous peu de chose
Qui me fera grandement seigneurir.

Si je debvoys mille mors encourir
Je ne sçauroys ou ailleurs en querir ;
Tout mon espoir dessus vous se repose
   Pour ceste foys.

D'aller a pied quatre vingts lieux courir
Sans qu'on en puisse aulcun bien acquerir,
C'est mal sus mal ; myeulx vault que cy je pose
Doncq, argentier, au cas que je propose
Ne vueillez point vostre grace encherir
   Pour ceste foys.

CCXIX

Pour aultruy

J'en suys bien seur, point ne l'auras. Raison ?
Tu es deja tout chanu et grison
Et sents trop myeulx ton rusticq champaistre
Que cil qui mene aux champs les brebis paistre :
La grace en toy seroit mise en prison.

Ja que tu as biens mondains à foison
Et que tu soys tout d'or en ta maison,
Ce nonobstant point ne veult ta femme estre,
  J'en suys bien seur.

Cerche aultre part aliance et toyson,
Car pardecza tu perds temps et saison.
La fille attend que son pere l'adestre
D'ung beau mary, gentilhomme et adextre :
Tu ne l'es pas de vertu, ny blason.
  J'en suis bien seur.

CCXX

Responce d'ung mesme levain

J'en suys bien seur, point n'en veult sus ma vie
Et, si jamais il luy en prist envye,

Il s'en repent, certes, de tres bon cueur,
Car a la prendre il eust eu deshonneur
Veu qu'en mainctz lieux elle est p..... pleuye

Aultre beaute sa pensee a ravye,
Qui chastement a grace le convye.
La, il aura toute joye et bon heur,
    J'en suys bien seur.

Chez luy on l'eust honoree et servie
Et ore est la reproche asservie
A vitupere et honte par horreur,
Car son mary, congnoissant son erreur,
Lui tient rigueur qu'elle a bien desservie,
    J'en suys bien seur.

CCXXI

A ce grand Marot, despit sans garrot

Encontre toy, Marot, je veulx entendre
Et demonstrer que j'ay meilleur entendre
Que tu n'as pas en l'art de rhetoricque,
Plus digne esprit, plus nette theorique,
Plus d'argutie, et myeulx de quoy m'estendre.

Et prends-le bien. Car tu peulx bien entendre
Que Muses n'ont arc ny fleches pour tendre.
Aussy en rien ne suys-je colerique
    Encontre toy.

Mais l'appetit de plus avant apprendre
Et le record de toy, qui dueil m'engendre,
Quand tu ne faiz responce ny replique
A mes escriptz, ma pacience implique
Et si me faict en fureur pleume prendre
  Encontre toy.

CCXXII

Pour ung gentilhomme. — A je ne sçay plus qui

Quant je vous vy premierement, si belle,
Tant accomplye en beaulte corporelle
Qu'impossible est de myeulx faire a Nature,
L'archer Amours, qui tire a l'aventure,
Sans deffier, me fit playe mortelle,

Et me surprist sans targe ny rondelle
Car, par mes yeulx simples et sans cautelle,
Jusque au cueur me feist aspre poincture
  Quand je vous vy.

Puisque pour vous j'endure peine telle,
Je vous supply, tres-noble damoyselle,
Ne me soyez plus contraire ny dure
Et reparez la griefve forfaicture
Qu'Amours me fist, de sa darde cruelle,
  Quand je vous vy.

CCXXIII

Responce de mesme farine

Quant je vous vy, maulvaise destinee
Estoit sus vous des dieux predestinee ;
Mesmes Amours vous fut dur et contraire,
Car il voulut sus vous fleche d'or traire,
Qui pour amer est faicte et ordonnee.

Et dessus moy il a fleche assenee
Toute de plomb, a hayr obstinee,
Qui empescha voz graces de me plaire
      Quand je vous vy.

Fort me desplaist en telle heure estre nee
Qu'a vous aymer je me suys adonnee,
Veu les grands biens qu'on veult de vous pourtraire ;
Mais chasteté ne veult a soy retraire,
A qui j'estoys desja preordonnee
      Quand je vous vy.

CCXXIV

A Jehanne Gaillarde, lyonnoise [1]

Tout au travers d'humain desir passant,
Mon humble cueur ta grace apetissant,

---

[1] Le deuxième volume des *Mémoires de l'Académie des Belles-Lettres* contient la vie de cette personne à qui Clément Marot dédia un rondeau (xxii) et une épigramme (cxxv).

Me dist : Colin arreste en ce desir :
Jeanne Gaillarde y vient souvent gesir
En elle auras ce que tu vas pensant.

Mais quoy ! Madame, en cueur si ravassant
Doy-je avoir foy, doy-je estre jouissant ?
De ton amour, doy-je prendre plaisir
   Tout au travers ?

Plaisir j'entends, de bon amour yssant,
Nompas plaisir ton honneur ternissant,
Ny qui engendre apres mort desplaisir.
Respond soudain sans me faire moysir
Me feras tu, ta grace eslargissant
   Tout au travers ?

CCXXV

A une rusée

Au pis aller, si ma priere est vaine,
Je n'en sçauroys rien perdre que la peine
Et ung petit de jaulne de ma bourse,
Vray ! que j'en sents douleur aspre et rebourse
Car tu es trop aux humbles inhumaine.

Mais si langueur de soupirs toute pleine
Extremement m'en travaille et demaine,
En cinquante ans elle aura fait sa course
   Au pis aller.

Oncques amant ne porta foy plus saine
En ses pourchas, ny l'Amour myeulx certaine
Que je te fais ; mais ta grace en a course !
Or soys toujours cruelle comme un ourse,
Il ne m'en peult venir que mort soubdaine
      Au pis aller.

CCXXVI

A mes Compaignons

En moy prenez exemple et garde,
Qui maintenant la chambre garde,
Pour avoir faict ce que vous faictes.
J'ay tel este comme vous estes,
Ruant, saillant de pied sus barde.

Chacun de vous se contregarde,
Voyant la goutte qui me darde,
Et voz desirs souvent refaictes
      En moy.

Si vous trouvez quelque bragarde
Dont le flammeau d'amour vous arde
Pour ses mignottes façonnettes,
N'y allez point sans allumettes.
Bon conseil a qui y regarde
      En moy.

CCXXVII

D'ung qui, apres sa belle de drap, prist une layde femme de velours

Sans rien blasmer, la damoyselle est bonne,
De bonne part ce bon loz je luy donne ;
Mais, tout ainsy qu'on rencherist le basme,
Je soubstiendray que la deffuncte dame
Estoit trop plus excellente personne.

Car de beaulte c'estoit la paragonne,
Et de bonte telle gloire en resonne
Que du regret qu'on y a l'on se pasme.
    Sans rien blasmer.

Celuy mary par trop se desraisonne
Et son honneur descroist et deffaçonne,
Qui l'an de pleurs [1] espouse une aultre femme ;
Car, selon droict, ung tel homme est infame.
Juge n'en suys, mais ainsy je l'ordonne,
    Sans rien blasmer.

CCXXVIII

A quelqu'une

A peu d'avys Paris feist jugement,
Quoyque les dieux doultassent largement

---

[1] Le veuf portait le deuil de sa femme pendant un an.

De la beaulté de troys nobles deesses [1] :
Il mesprisa de Juno les richesses
Et de Palas le divin sentement.

Venus lui pleut, et son contenement,
La pomme d'or luy donne promptement ;
Et la faveur de ses belles promesses
    A peu d'avys.

Mais, pour myeulx faire, il m'en vient pirement,
Car pour choisir de vertu l'ornement,
Et pour donner mon cueur a voz noblesses
Je suys esclau d'ung millier de tristesses ;
En ce cas la deçeu suys grandement,
    A peu d'avys.

CCXXIX

A la nourrice

Jamais ne fut et jamais ne sera [2] ;
Mais ung vendeur de mensonge et de gloire
Sophistement le vous veult faire accroire,
Pensant qu'ainsy de vous me chassera.

Ne croyez pas ce qu'on avancera
De telz propos, car c'est gregoise hystoire,
    Jamais ne fut.

---

[1] Les trois Graces.
[2] Ce qui vous a été rapporté, c'est-à-dire ce que, dit-on, j'aurais écrit pour vous diffamer.

Plustost mon cueur soy-mesme offencera
Qu'il ne fera vostre digne memoire.
Que feisse escript sus vous diffamatoire !
Je suys certain qu'il ne se prouvera
      Jamais.

CCXXX

Faict sus la grosse nau de Rhodes

Ne mort ne vif, entre le ciel et l'eau,
Pose que l'air soit assez cler et beau
Je me desgouste, estant si loing de terre.
Mon cueur bondit et l'estomac me serre ;
Le sang me glace et froidist sous la peau.

Cela me vient du bransle de la nau
Qui m'estourdit tant l'ame et le cerveau
Que je ne sçay si je suys homme ou pierre,
      Ny mort ne vif.

Je ne sçauroys avaller ung morceau
Qui tost ne soit revomy du boyau
Sans digerer. O Dieu, qui jamais n'erre !
Je suys transy en ceste nau de guerre
Comme ung amant reffuse du joyau,
      Ne mort ne vif.

CCXXXI

Au Seigneur commandeur de Tinteville

Avant qu'aller au bon pays de France,
Ayez pour Dieu de Colin souvenance,
Je vous en pry, car pour vostre plaisir
Il a rompu son desire desir,
Pour demeurer esclau de deplaisance.

Couschez son nom et l'estat d'asseurance
Car le peril en demeure s'avance,
Si n'en parlez troys bons motz a loysir,
   Avant qu'aller.

Vous congnoissez la curialle usance,
C'est de bouter tout homme en oubliance,
Qu'autre seigneur auroit voulu choisir
Pour le voulloir aupres d'honneur gesir,
Tout mue ainsy ; mais trompez la nuance
   Avant qu'aller [1].

CCXXXII

Au sieur abbe de Sainct-Aulbin

Rondeau tenez, Monsieur, pour vostre may,
Car je n'ay plus violettes ny fleurs :

[1] Douze vers.

Le Dieu d'amours qui me tient en esmoy,
A faict changer toutes mes fleurs en pleurs.

. . . .

CCXXXIII

Au reverend mesmes

Ung peu de honte empeschez la mercy
Et le merite acquis par longues pleurs,
Mais le remede a ces honteuses meurs
C'est de ravir ce qu'on veult estre ainsy.
Car si secret est ce doulx peche cy,
Rien n'en sera, synon entre les cueurs
    Ung peu de honte.

Ou est le sot amoureux et transy
Qui blasmeroit si plaisantes erreurs?
Cil indigne est de tous biens et honneurs
Qui ne vouldroit endurer en cecy
    Ung peu de honte.

CCXXXIII bis

A ung tas de Rhetoriciennes

De mort a vie et debout je suys mys
Comme le sort l'a voulu et permis,

Mais savez vous ou j'ay grand congnoissance
Qu'encores vy? c'est a la desplaisance
A qui je suis incessamment soubzmis.

Grief, soing, travail plus menus que fourmis
Sont sus mon cueur enraigez et fanis,
Et leur despit de veoir ma delivrance
     De mort a vie.

Si doulce mort m'eut en terre transmis,
D'ennuytz mondains me sentisse demis ;
Car si la mort finist toute souffrance
Elle commence adoncq joye et plaisance.
Mais pour vous veoir ainsy, Dieu m'a remys
     De mort a vie.

CCXXXIV

A ung ingrat

Amy, du temps esbatez-vous, jouez
Avec le temps, tandis que vous l'avez ;
Mais, si le temps aulcunement se change,
Prenez en gre aussy si on vous range
Et n'en blasmez fors ce peu que savez.

Car tout ainsy que vous desaprovez
Ceulx qui d'honneur plus que vous sont provez,
Semblablement on vous fera estrange
     Amy.

D'heur emprunte vous pompez et bravez
Et maintenant par mespris agravez
Ceulx qui vous ont tyre hors de la fange :
Je ne croy point que le ciel ne m'en vange
Veu qu'en loyal fainct et faulx vous trouvez
  Amy.

CCXXXV

Impaciente jalousie

Treves pour Dieu ! de ce jaloux
Qui est si maussade et facheux
Qu'on ne peult durer avec luy,
Car il y a trop moins d'ennuy
En purgatoire qu'en ces jeux.

Hanter n'ouserois aulcuns lyeux
Y fussent tous les saincts des cieulx,
Tant a le cerveau esblouy.
  Treves pour Dieu !

Je vous jure et fais de grands veux
Que je le rendray si honteux
De ce qu'il dit que je poursuy,
Qu'il ne pourra trouver estuy
Aux cornes pendants sus ses yeulx.
  Treves, pour Dieu !

CCXXXVI

A ung nouveau Abbe

Content de tout que l'air couvre et aronde,
Synon de toy, c'est chose a moy profonde
Et ne la peulx aulcunement comprendre,
Car ces vertus qu'on doibt en corps sain prendre
Chacune en toy suffisamment habonde.

De ceste la ou noble cueur se fonde
Si nature as humble franche et feconde,
Que reste plus sus la terre a te rendre,
   Content de tout.

D'advis fourny le contenter redonde
Et n'y a rien qui nous trouble ou confonde,
Fors seullement une opinion tendre
Qui naissant meurt et, en mourant, s'engendre :
Horsmis cela tu pourras vivre au monde,
   Content de tout.

CCXXXVII

A ung chiffreur d'aultruy besongne [1]

Du bien d'aultruy enrichir ne me veulx
Saichant que c'est un forfaict scelereux,

---

[1] A un plagiaire.

Duquel on est ou dampne ou pendu.
J'ay veu l'escript tres-docte et entendu
Que m'as mande pour me mesler aux dieux

Mais pas n'est tien, l'as pris en d'aultres lieux
Dont je te dy larron pernicieux,
Ja que sus moy mainct los as espandu
   Du bien d'aultry.

Va, va le rendre a l'homme vertueux
Qui l'a dicte, ou bien au saige et preux,
Auquel il est consacre et myeulx deu ;
Car autrement tu es garson perdu
Et deviendras malheureux et honteux
   Du bien d'aultruy.

CCXXXVIII

A ung quidam

L'argent que doy me contrainct de cercher
Ce qui m'est deu, affin de ne fascher
Mes creanciers par trop longtemps debvoir.
Dont si present je vous fais assavoir
La ou j'en suys, ne m'en tenez moins cher.

Car si ailleurs sçavoys ou en pescher,
Je ne vouldroys si fort vous empescher ;
Mais je ne sçay moyen de myeulx avoir
   L'argent que doy.

Ainsy qu'au prest ne vous ay rien faict cher
Ne vueillez point au rendre vous cacher.
Je n'en veulx point d'usure recepvoir,
Bien me suffist voz desirs esmouvoir
Pour briefvement me faire despescher
   L'argent que doy.

CCXXXIX

A Gylon

Sus tous vivantz d'humaine geniture,
Meduse[1] avoit une estrange nature
Et ung regard de terrible efficace,
Car en voyant sa reluysante face
Elle muoit les gens en pierre dure.

Le cler soleil aussy de sa figure
Faict esblouir a tous la regardure ;
Mais ta splendeur est encore l'outrepasse
   Sus tous vivantz.

Car qui bien voit ta vifve pourtraicture,
Il s'aveuglist de premiere attraicture,
Puys devient pierre en bien petit d'espace
Ou douleur vit. Dont viendroit tant de grace?
Fors que tu es parfaicte creature
   Sus tous vivantz.

---

[1] Fille de Phorcus et l'une des trois Gorgones, Méduse avait eu les cheveux métamorphosés en serpents, depuis que Neptune avait abusé d'elle dans le temple de Minerve, et son regard changeait en pierres tous ceux qu'elle considérait.

CCXL

A mes larmes et flammeaulx

Maulgre mes dentz, je languis et labeure
Par trop aymer une Dame sans sy.
Je brusle et ards, attendant sa mercy,
Mais c'est en vain, elle veult que je meure.

Car elle m'est cruelle chascune heure,
Dont je larmoye et pleure tout transy,
  Maulgre mes dentz.

Mes pleurs, helas! estaignez, sans demeure,
Le feu qui m'ard en cest endroict ycy;
Mon feu aussy, prenez soing et soucy
Pour asseicher les larmes que je pleure,
  Maulgre mes dentz [1].

[ÉPITAPHES]

CCXLI

D'ung saige et jeune chevallier

Voyez passantz, voyez ycy gesir
Le chevalier Castel, qui fut tant saige

---

[1] Entre le folio 92 et le folio 93, une feuille de vélin (peut-être blanche) a été enlevée au manuscrit de la Bibliothèque nationale.

Qu'en jeunes ans il parfist le desir
Que ses parens attendoient en vieux aage.
D'en faire pleur, c'est croistre le dommaige :
Que reste myeulx penser d'aller aprez,
Non s'abusant en ce mondain umbrage
Ou rien n'est ney, fors pour mourir expres.

CCXLII

Du commendeur Tinteville

Cy dessoubz gist un espoir de grand chose,
L'amy commung de vertu et fortune,
Devenu vain par cause au ciel enclose
Dont les humains n'ont congnoissance aulcune.
Voyez comment la fatalle rancune
A pris, en furt, Loys de Tinteville !
Mais quoy, si Mort use de loy commune,
L'oraison soit plus que le plaindre utile.

CCXLIII

Du roy de la febve qui mourut avant son couronnement[1]

Cy gist ung roy, non de mer, ny de terre,
Mais de la febve, occiz par malle encontre.

---

[1] A la fête des Rois Mages, on avait, autrefois comme aujourd'hui, la coutume de « tirer les Rois », en partageant un gâteau dans lequel une fève avait été insérée. Cette fête avait en Anjou tout un cérémonial.

Lorsqu'il voulut ung pareil roy conquerre,
Saultant d'ung mur une pierre il rencoutre
Qui chut sus luy, dont souldain mort le serre.
Malheur en roys, plus qu'en coquins se monstre !

CCXLIV

De l'abbe de Beaulieu

Voyez, humain, comment presumption
Sus mes os sement honteuse renommee.
Cueur oultraigeux, gourme d'ambition,
Maulgre l'honneur de ma race estimee,
Me feist brandir, en main fiere et armee,
Contre le roy, espee de furie.
Dont en Beaulieu abahie fermee,
Ou je tenois berlan de p......
Fort de larrons, de meurtre et pillerie,
Assiege fu par le comte de Guise
Et tout baptuz de coup d'artillerie,
Les miens et moy, qu'il nous prist a sa guise.
La fuz occis, comme fureur s'aguise,
Par ung souldart qui me veoit rendu :
S'il a bien faict, grace luy soit aquise
Et Dieu pardoint au pescheur estendu.

CCXLV

Du foul Politte

Priez pour vous, et vous serez que saige,
Pour moy ne veulx que l'on face priere

Car je ne feis oncques maulvais ouvraige :
Nature mist mon esprit en derrière,
Et m'en feist pouvre. Ainsy, comme a dit Dieu,
Je suys « heureux »; sa parolle est entiere.
Mon ame au ciel s'esjouist au millieu
D'autres espris plus luysans que verriere.
Bien peu de gens auront plus digne lieu,
Posay qu'au monde ilz ont saige maniere.

CCXLVI

Du feu messire [Jean] Champion, medicin excellent

Cy dessoubz gist l'ennemy de la Mort,
Qui par son art et infuse sophie
En tant de lieux a rompu son essort
Que son renom quasi s'en deyfie.
Mort a vaincu son vainqueur droit ou tort
Et maintenant elle s'en glorifie,
Criant partout ce piteux desconfort :
A l'arme, a l'arme ! humains, je vous deffie !
Le Champion qui gardoit vostre fort
Est rue jus. Terre le putrifie.
C'est faict de vous, plus n'avez de renfort ;
Pensez y bien, car je vous certifie
Qu'en Dieu sans plus on doibt querre confort,
Et que fol est aux hommes qui se fie.

CCXLVII

D'une noble et vertueuse dame

Comme le diamant excede toutes gemmes,
Janne qui gist ycy exceda toutes femmes,
D'honneur et de vertus, de grace et de beaulte.
Ha doncq pas faict la Mort en elle cruaulte,
Certes, nenny ! Raison : elle la veid tant saige
Qu'elle la pensoit estre antique et de vieux aage ;
Qui plus est, Atropos [1], en descochant sa vire
Tres fort s'en repentit, qui l'excuse a suffire.

CCXLVIII

D'un yvrongne

Cy dessoubz gist, or escoutez merveilles,
Le grand meurtrier et tirant de bouteilles,
L'anti Bacus, le cruel vinicide,
Qui ne souffrit verre oncques plain ni vuide :
Je tais son nom, car il put trop au vin.
Mais il avoit en ce l'esprit divin
Qu'en le voyant il alteroit les hommes,
Et haissoit laict, cerises et pommes,
Figues, raisins, et tout aultre fruytaige,
Synon les noix, chastaignes et fromaiges.

---

[1] Celle des trois Parques qui coupe le fil de la vie.

Il y doloit tant fort le gobelet
Qu'il ne mangeoit viande que au salet,
Et ne prioit Dieu, les saincts ny les anges,
Fors pour avoir glorieuses vendanges.
Par ce moyen, humains, vous pouvez croire
Qu'il n'estoit ne pour vivre, mais pour boyre.
Ainsy ne vient a regretter sa vie
Puis qu'elle estoit au seul vin asservie.
Mais vous ferez a Baccus oraisons
Qu'il le colloque en ses sainctes maisons,
Tout au plus bas de la cave ou cellier
Car oncq ne fut de meilleurs bouteilier.

CCXLIX

D'ung pouvre temeraire aventurier

Cy dessoubz gist ung esvente
Qui de tout faire s'est vante,
Mesme de combattre la Mort !
Pensez bien comme il a grand tort.
. . . .

CCL

D'ung gentil escuyer que sa dame empoisonna

Ou meilleur temps de mon heureux espoir,
Lorsque vertu me incitoit a grand chose

Et que fortune offroit en mon povoir
Tout ce qu'un cueur gentil desirer ose,
Mort violente en froyde poison close
Me vint ferir ; laquelle, bien congneu,
Et tout souldain le remede y appose,
Mais tout fut vain et guarison n'en eu,
Car congnoissant le faict du lieu venu
Dont mort m'estoit plus seure que la vie
Je pris a gre l'accident survenu.
Priez pour moy, je pardonne a l'envye.

CCLI

De feu notable personnaige Maistre Barthelemy du Fay

Je suys alle devant, pour vous attendre,
Laissant memoire a vous et tous les miens
Que le regret que jectez sur ma cendre
Me griefve aultant comme il ne vous vault riens.
Car si j'avoys le conge de descendre,
Ainsy que j'eu de monter les moyens,
Je ne voudrais, certes, jamais le prendre.
Mais vous encore, abusez terriens,
Qui ne sçavez que vains plaisirs comprendre.
Dictes la Mort ruyne de tous biens,
Ce qui est faulx, ains elle est doulce et tendre
Et fin de peine a tous bons chretiens.

CCLII

Du pere de l'acteur, René Colin

Non par oubly, note ingrate ou mespris,
Mes enfants m'ont ce tiltre suspendu ;
Mais, congnoissant ma memoire et son pris
Assez avoir de bon los espandu,
Et que l'orgueil funeral est repris,
Ilz ont ainsy trente ans pres actendu ;
Puys quand labeur a hausse leur espris
Et que ce monde ilz ont vain entendu
Cest epitaphe ont, non pour moy empris,
Mais pour mouvoir un chascun a son deu,
Et qu'on ne soit invigilant surpris,
Car tousjours a la Mort son arc tendu.

CCLIII

D'un adolescent trop plus sçavant que son aage, nepveu de l'acteur

Estant ame de mon pere et sans tort,
Si jeune meurt, en est pire la mort :
Non c'est son deu, car tout ce qui est ne
Et mesme Dieu luy fut habandonne.

CCLIV

De l'Aucteur

Soing, peine, amour, pacience et besoing
Sollicitez desormais aultres ames,
Car la myenne est de terre si tres-loing
Qu'elle ne peult plus sentir humains blasmes.
Quand est du corps, j'en laisse aux vers le soing
Jusques au jour que tout yra en flammes.

CCLV

De Gylon

Comme on portoit Gylon, la belle, en terre
La face nue encore semblant vive,
Amours ayant sçeu temps propice acquerre
Lors que de luy nully pense ou estrive,
De ses yeulx clers mille flammes envoye,
Dont il surprist maincte ame fort pensive
Criant a Mort : — Ah ! Mort qui tout desvoye,
Fuy-t'en d'ycy, elle est encore a moy !
Elle est a moy voy-tu qu'elle guerroye
Et si bataille encores pour ma loy !...
Ainsy luy dist, mais souldain il souspire,
Car il veit bien que sa force et arroy

Ne povoit pas aux triumphes suffire
Qu'il convient faire aux amoureux alarmes,
Et qu'il n'estoit lors, pas temps de se rire
Mais de plorer, gemir, et fondre en larmes.

CCLVI

D'une belle damoyselle d'Anjou

Ayant en moy jamais veu aulcun signe
Que vous n'ayez loue pour chose insigne
Que pleurez vous ? Gysent doncq pas ycy
Tous voz desirs, quand je fus morte ainsy ?
Vault il pas mieux jeune estre decedee
Qu'avoir vescu jusque face ridee,
Entre les griefs, miseres et labeurs
De ce vain monde abisme de douleurs,
Dictes, amans ? Certes ! si fait est myeulx [1]
Remectez doncq vos larmes es voz yeulx
Et n'estimez que ma tombe ait aureilles
Pour escouter vos plainctes nompareilles.

CCLVII

Plaincte d'un verre de cristallin purifie

Pardevant toy toujours vivant, Baccus,
Et ton vieillart ministre Silenus,

---

[1] Le texte porte *Certes si beaucoup myeulx*, mais une petite écriture contemporaine a effacé *beaucoup* et l'a remplacé par *fait est*.

Je me complains d'ung mauldit garsonneau,
Qui a casse mon verre le plus beau,
Qui oncques fust en ceste isle Maltoise.
Tenu estoit de la marche françoyse,
Dessus la nau nompareille de Rhodes
Et sy avoit passe parmy les Brodes,
Turcqs, mamelutz, pirattes et coursaires
Et triumphant de tous tes adversaires,
Absteniens et aultre gent maligne.
Il estoit faict de pierre cristaline
Orne aux bors d'une antique doreure,
De telle bauge et si saincte mesure
Qu'il attrayoit tous quelz qu'ilz feussent,
Grecz et Latins maulgre eulx qu'ilz y beussent
Et quand dedans avoient beu une fois,
Ilz y vouloient reboire deux et troys
Tant seullement pour la beaulte du verre,
Qui estoit faict d'une si clere pierre
Que les saphirs bouilonnans la dedans
Tout a travers sembloient estre pendans ;
Et y faisoit tant plaisant et bon boyre
Qu'il emportoit, sus tous verres, la gloire.
Il n'avoit point le corps a l'espagnolle
Mais pris estoit dessus le propre molle
De ton hanap, qu'on adore en Nixie.
Yo, yo, j'ay l'entraille estrecie,
La gorge seiche et toujours alteree
En recordant perte si malheuree.
Helas ! helas ! il estanchoit si bien
Qui n'y falloit aprez adjouster rien.

Et qu'ainsy soit, j'en croy Georges Pipa,
Qui en tel cas jamais ne se pipa
Jacques Melin et aultres gros ventriers,
Qui a plein pot boyvent tres voulentiers.
Tous ces gens la t'en feront preuve et foy.
Parquoy te pry, Dieu nourry sans emoy,
Que ce garson qui a rompu mon verre,
Tousjours en soif en lieux incertains erre
Perdant le goust de noir et blanc raisin
Et que jamais ne puisse boyre vin,
Manger salet, ny de fresche pouldrure
Et qu'en ung gouffre il preigne sepulture,
Loing des jardrins, vignobles et vergiers.
Vela Bacchus, vela que je requiers.
Non plus avant affin que l'on ne die
Que je mects plus de peine et d'estudie
A desplorer ung verre en vers farousche
Que Lucian [1] a hault louer la mousche.

CCLVIII

Du feu bonhomme procureur Lemaczon

Soubz ceste pouldre, est Thibault Le Maçon
Jadis Angiers tel procureur du Roy,
Et a Laval juge de si grand foy
Que la memoire en vit apres le son.

---

[1] Lucien, qui a fait dans ses vers l'éloge de la *Mouche*.

CCLIX

D'un maistre de psallette d'Angiers

Arrestez-vous, passans, voyez miracle :
Jean Foliot ycy ses oz assemble,
Qui fut tenu, en tout bon habitacle,
Chantre *picard* et « *discret* » tout ensemble !... [1]

CCLX

D'un banquer italien d'Angers

Savez vous pas qui est aujourd'huy mort ?
Le bon banquer Perceval de Bardy !
Comment cela ? La mort nous a faict tort
Car a grand peine il passoit le mydy.
Vela que c'est ! O dard trop tost brandy,
Voycy ung temps maulvais et dangereux
Et se fault bien garder je le vous dy,
Pauvre banquer. Il estoit en tous lieux
Si bien voullu, humain et gracieux
Mesme en son faict d'une si bonne sorte,
Dieu luy pardoint ! Et pensons pour le myeulx
Qu'il nous fault tous passer par ceste porte.

Voir ci-dessus la note 2, p. 48.

CCLXI

D'ung lieutenant de Chinon

Icy est Jean Boutin,
Lieutenant de Chinon,
Et conseiller du roy,
Avec ses pere et mere,
Dont la vie et la fin,
Eurent si bon renom.
Que le peuple et la loy
Ont leur mort tres amere,
Reste a passer sa femme Burgensis
Et prier Dieu qu'ilz soient en grace assis.
    Jean Boutin est ycy boute.
    Ou ses parents furent boutez
    Dieu veuille par sa grand bonte
    Qu'ils ne soient des cieulx deboutez.

CCLXII

D'un grand aulmosnier

Jean de Tinteniac
Repose en ce cercueil,
Dont tout pouvre travaille
Portant vuyde bissac,
Car c'estoit leur recueil
Et leur espergnemaille,

Et n'y a noble estranger ou voysin
  Que regret n'en assaille,
Ne trouvant plus tel hoste en leur chemin,
  Jamais Dieu ne luy faille[1] !

CCLXIII

D'ung prudent advocat

Maistre Jacques Richomme est mort,
Riche d'honneur, dans sens et race,
En lieu de pleurs et desconfort,
Prions Dieu qu'il ait en sa grace !

CCLXIV

De Samblançay

Jacques de Beaulne[2] eut ce hault monument
Par ung respons d'Apollo moult subtil :
— Fortune tant t'eslevera, dit-il,
Que tu vivras et mourras haultement.

---

[1] Jean de Tinteniac avait son épitaphe, en latin, dans l'église abbatiale de Saint-Aubin d'Angers. On la trouve dans le manuscrit 871, p. 189, de la Bibliothèque d'Angers.

[2] Baron de Samblançay, fils d'un bourgeois de Tours. Parvenu, sous François 1er, au grade de surintendant des finances, accusé d'avoir détourné l'argent destiné aux armées d'Italie et d'avoir été la cause de la perte du Milanais et de Gênes, il fut pendu le 12 août 1527.

CCLXV

Du feu prothonotaire Nicolas de Chasteaubriand

Pours moins penser a moy qu'a mon desir
Mort a regret me faict ycy gesir ;
Si la Mort doncq a eu dueil de ma mort
Pensez combien est a plaindre mon sort !
Mais quoy ! la plaincte et les larmes foncieres
Rien ne me sont, et beaucoup les prieres [1].

CCLXVI

D'un papegault de ma damoyselle du Tronchay

Cy est un gentil papegault,
En pleurs de sa Dame inhume.
Pensez combien le cercueil vault
Qui garde ce qui est ame !

CCLXVII

Du feu seigneurs de Vauberger

Voy le cy mort, le saige Vauberger,
Qui sçeut tant bien les vertuz auberger

---

[1] On voyait à Saint-Maurice d'Angers une épitaphe, en latin, de François de Chasteaubriand et de Nicolas, son petit-fils, avec la date de 1536. (Mss. 871, de la Bibliothèque d'Angers.)

Qu'il conquesta, par armes et par lois,
Honneur du peuple et estime des roys.
Et plus n'en dy, car de la part meilleure
Qui fut en luy tousjours vif il demeure.

CCLXVIII

D'un riche mort sans regret

Cy dessoubz gist le chanoine Le Gay,
Qui fust ami de si grande pecune,
Que ses parentz feirent plustot l'essay
De son surnom que de mort plaincte aulcune[1].

CCLXIX

Du capitaine Bayard

Que cerchez vous, passans, ycy entour?
Le chevalier de Bayard n'y est plus.
La Renommee en faict triumphe, et jour
Que du cercueil l'a leve et seclus.
Retyrez vous, satisffaitz au parsus,
Et ne pensez jamais Bayard en terre,
Si par vertu le ciel se peult conquerre.

[1] Faut-il mettre ici le nom de Pierre Le Gay, mort le 29 novembre 1533, dont les « armes fuselées » étaient gravées dans l'église Saint-Maurice d'Angers, au-dessus d'une fondation inscrite en sa mémoire par sa sœur, Antoinette Le Gay, dame des Iles? (Mss. 871 de la Bibliothèque d'Angers, p. 37.)

CCLXX

Du sieur de Vaudore et de sa fille unicque

Icy dessoubz est maistre Jehan du Pin,
  Et sa fille Renee.
N'en pleurons plus, car de leur vie et fin
  Telle memoire est nee,
Que si Dieu est a voix de peuple enclin
  Grace leur est donnee.

CCLXXI

De feu Damoyselle Guillemine Godefer [1]

Si pres les siens doulcement on repose,
Doulce est la Mort qui en ce lieu me pose,
Pres mon mary, mes parens et parentes,
Doulce pour vray le merite en depose
Contre le dueil commung qui s'i opose
Et obtiendra suz voz larmes dolentes.
Laissez les doncq et, pour meilleure chose,
Priez a Dieu que son sang nous arose
Et vueille ouvrir le ciel a noz actentes !

---

[1] *Sic.* Sans doute Guillemine Dosdefer, femme de Pierre de Pincé, morte le 19 février 1533. Elle avait son épitaphe dans l'église Saint-Maurille d'Angers. Son mari était mort vingt ans plus tôt. (Voir manuscrit 871 de la Bibliothèque d'Angers, p. 353.)

CCLXXII.

D'un meschant religieux

Cy dessoubz gist Pierre Baulard
Qu'on appelloit frere tres-bons
Mais a grand tort car de tous homs
C'estoit le plus meschant paillard.

CCLXXIII

De celluy qui retint mes gaiges a Malte

Cy gist frere Jean Boniface,
Villain de faict, sang, corps et face,
Myeulx resemblant une tonace,
Que le roy n'est noble de race.
Prions Dieu que pardon luy face,
Car il est dampne sans sa grace !

CCLXXIV

De feu noble Jacques de Bernay, chanoyne d'Angiers

Si le ciel ha de nous ravoir envye,
Et Jesus-Christ en sa promesse est vray,
Comme elle est vraye, et de son sang pleuye,
Ne regrettons point Jacques de Bernay,

Car son ame est, par foy, si hault ravye,
En charite, plus espese que fray,
Qu'il a trouve verite, voye et vie.
Et maintenant il hait ce mondain bray.
Heureux celuy que Dieu tyre et convye
Et faict mourir et vivre en si beau ray !

CCLXXV

Du feu esleu d'Estiau

Cy gist le corps de maistre Jean Bernard,
Le bon esleu, le seigneur d'Estiau,
L'esprit a Dieu de noz pleurs se depart
Lasse beaucoup du terrestre fardeau.
Et les valeurs dont il eut si grand part
Es cueurs du peuple ont leur digne tombeau,
Pensons d'aller, apres luy, tost ou tard :
Qui bien y pense, il en craint moins le mau.

CCLXXVI

Du prothonotaire de Piedouault

Cy dessoubz gist Rene de Piedouault.
Voulez vous plus : soing, peine, espoir, amour,
Dont lung et l'aultre il entreprit si hault,
Qu'il en mourut longtemps avant son jour
Dieu luy pardoint ! Ce seul mot plus luy vault
Que les regrets ny plainctes a l'entour.

CCLXXVII

Regret de feu Hélye [de Tinteniac] abbe de Saint-Aulbin [1]

Il n'y a point de remede, il est mort !
Conformons nous au bon vouloir de Dieu,
Et de luy seul attendons reconfort.
Si contre mort regretz avoient adveu,
Assez n'avons de pleurs pour ung tel sort.
Mais il suffist qu'il eut grace en tout lieu
Et que de luy n'y a plaincte ny tort,
Car qui bien vit, la Mort luy vient a jeu.

CCLXXVIII

De ma Dame mere du Roy, faict ainsy que plusieurs aultres

A l'eau, a l'eau, vaillans Francoys, a l'eau,
  Tout le royaume se noye
Des pleurs communs qu'on faict sur le tombeau
  De Loyse de Savoye [2] ;

---

[1] Mort le 26 avril 1535. — Une longue épitaphe, très élogieuse, figurait sur un tableau dans l'église abbatiale de Saint-Aubin d'Angers. Le chroniqueur Jacques Bruneau, sieur de Tartifume, nous l'a conservée dans son recueil manuscrit sur *Angers*, mss. 871 de la Bibliothèque d'Angers, pages 177-180.

[2] Morte le 14 septembre 1531.

Et, ja, les pleurs en courent tout a vau.
      O Pere, soubz qui tout ploye,
Fais arrester l'impetueux ruisseau
      Que le Roy son filz larmoye,
Et luy transmects de ta grace ung flammeau
      Qui le conforte et esjoye.
C'est nostre Roy, nostre chef, s'il a mau
      Chascun membre s'en esmoye ;
Et si le pleur n'est a la perte esgau
      Ne seuffre pas toutevoye
Que les souspirs du Roy tiennent estau,
      Ny que France a dueil soit proye
Et mectz l'esprit de la Dame au chanzeau
      De tes cieulx comblez de joye.

CCLXXIX

D'un excellent joueur de violes et bon poete, serviteur de l'evesque d'Angiers, Jean Olivier [1]

Cy dessoubz gist ung chef d'œuvre des Muses,
Qu'elles jadis feirent en long et le,
Du propre bien de leurs graces infuses
Guillaume estoit Cadiot appelle.
Qui contre mort avoit assez d'excuses
Si elle n'eust sa venue cele.
Mesme en viole, il avoit tant de ruses
Que s'il en eut davant elle parle

---

[1] Jean Olivier mourut en 1540. Voir plus loin, n° CCXCVII.

Il l'eust rendue en ses rigueurs confuses,
Et ne s'en fust encores pas alle.
Las ! mais c'est faict. O sentences abstruses
Quand mourir fault a jour non revele !

CCLXXX

D'un homme de mauvaise vie

Jehan Le Roux, nomme Mallepaye,
Pippeur, affronteur et coquin,
En ce bordeau de mort eut playe :
Maulvaise vie a malle fin.

CCLXXXI

D'un homme inutil

Jehan Le Roy, dit Parenteraye [1],
Dedans ce fumier prend son somme,
Qui fust ydolle et beste vraye
Fors qu'il portoit la peau d'ung homme.

CCLXXXII

D'un advocat d'Angiers gras oultre bort

Ycy davant, en ceste large fousse,
Gist le mortel, ennemy de famine,

---

[1] Une ferme de la Parenteraie existe commune de Fougeré.

Qu'on appelloit maistre Jehan Malesfousse,
Lequel mordit si avant en farine
Et rencontra la vendange si doulce
Que de sa peau il feist une bodine
A tout le peuple admirablement grousse [1].
Gens aubourrez de lopins de cuysine
Plus plains que l'œuf et ronds que pois en gousse,
Pensez y bien, car je vous determine
Que vostre chair soit noire, blonde ou rousse
Tant plus est grasse, est subjecte a vermine.

CCLXXXIII

Du petit barbet de Gylon, mort en son gyron

Mort m'est si doulce en ce lieu-cy
Que vivre ailleurs m'est ung soucy.

CCLXXXIV

De la seur de l'acteur

Cy dessoubz est Catherine Colin,
Qui avec elle emporte tant de biens
Que tout Angiers est pauvre par sa fin.
Ainsy se perd l'honneur des terriens !
Jesus luy soit tant piteux et begnin,
Comme sans luy noz œuvres ne sont riens !

[1] Les paysans de l'Anjou prononcent encore *grousse*.

CCLXXXV

Du lieutenant Loriot [1]

Tout beau, passantz, ne sonnez mot
Ycy pres reposent les os
De maistre Pierre Loriot
Qui vous donnoit paix et repos.
Justice en feist son vray pilot
Et par luy elle eut mainct grand los,
Dont l'heur d'Angiers semble manchot,
Les droicts entors et indispos.
Dieu luy doint grace et si bon lot
Qu'il soit en paradis enclos.

---

[1] Mort le 31 octobre 1534. Bruneau de Tartifume (*Angers*, mss. 871 de la Bibliothèque d'Angers, page 251), nous a conservé l'épitaphe de Me Pierre Loriot, « en droit civil, homme de bon renom, » telle qu'on la voyait au xvııe siècle dans l'église Saint-Julien :

« Seigneur et maître fut de la Gallonnière
« Qui feist justice par fort bonne manière
« Durant le cours de trois ans et huit ans,
« Comme commis au lieu des lieutenans
« Du seneschal d'Anjou en ceste ville
« En action criminelle et civile.
« En l'an cinq cens mil et trente quatre
« La mort le print, puis le voulut abattre
« Le dernier d'octobre... »

CCLXXXVI

D'ung noble marchant

Jan du Gault est alle a Dieu,
Il n'est point de meilleur voyage,
Puysqu'il fault acomplir le vœu
Que nature a mys en usaige,
Et si la distance du lieu
Rend ung peu doubteux le passaige,
Pensons y bien, et pour ce peu,
Mort nous sera grand avantaige.

CCLXXXVII

Du prothonotaire de la Tour-Landry

Cy dessoubz est Jacques de la Tour
Et sy les morts avant luy eussent eu
Contre la Mort si chault et long estour,
Il eut la Mort de sa langueur batu.
Mais ayant foy qu'on meurt pour le retour
Luy mesme s'est pour myeulx vivre abbatu.
Tres noble estoit et en portoit la tour [1].
Le Dieu qui fut d'humanite vestu

---

[1] La maison de la Tour-Landry portait pour armoiries : *D'or à une fasce de gueule crénelée et bretressée de trois pièces et demie vers le chef, maçonnée de sable.* (Joseph Denais : *Armorial général de l'Anjou*, in-8°, tome III, p. 250.)

Pour nous monstrer la lumiere et vray jour
Luy face veoir sa grand grace et vertu !

CCLXXXVIII

Du docteur Passim, regent a Angiers [1]

Michel Passim est passe de ce monde
Apres avoir beaucoup de gens passez
Dans et de sens, d'estime et de faconde,
Docteur estoit regent es loix. Pensez
Que de la Loy, loz, grace et bien redonde
Et qu'elle a vie entre les trespassez.

CCLXXXIX

[D'un mauvais chanoine]

Cy gist le corps d'un chanoine Sainct Pierre
Occys ainsy qu'il vescut, laschement,
Ayant vendu benefices et terre.
Si, soubz le corps, l'ame a son monument,
N'en jugeons point, mais Dieu qui jamais n'erre
Hors de son yre, en face jugement !

---

[1] Mort en 1534, âgé de 71 ans, Michel Passim ou Passin, prêtre, originaire du Maine, docteur *in utroque jure*, fut professeur de droit à l'Université d'Angers de 1494 à 1532. Depuis 1519, il était chanoine de Saint-Pierre. Pocquet de Livonnière fit l'éloge de son caractère et de son assiduité. (Mss. de la Bibliothèque d'Angers, 857 ; 1004, tome XI ; 1027, p. 55. — Voir de Lens : *La Faculté de droit de l'ancienne Université d'Angers*, dans la *Revue de l'Anjou*, 1877, tome I, p. 153.)

CCXC

[Du sieur de Thors, et de sa femme]

La mort cerchant son tribut en tous lieux,
Affin d'emplir et repeupler les cieulx
Conserve en pouldre ycy deux nobles corps.

L'un fut Guyon de Benoy, sieur de Thors,
Aymant jadis cinq poincts especiaulx :
Lectres, amours, armes, chasse et chevaulx
Et en chascun d'yceulx excellent homme.

L'autre est sa femme, Yvonnette Richeome,
Qui cinq grands dons avoit pareillement :
Beaulte, bonte, richesse, entendement,
Avec le chant de nompareille grace.
Dieu tant au ciel comme ycy bas leur en face.

Amen.

VELA QUE C'EST [1]

[1] Devise du poète, qui termine ainsi le manuscrit de la Bibliothèque nationale.

APPENDICE

Un petit Recueil d'une très grande rareté, commençant par ces mots : *Traductions du latin en francoys, inventions et imitations nouvelles tant de Clément Marot que des plus excellents poètes de ce temps* [1], nous fournit plusieurs pièces de Germain Colin Bucher. Aucune de ces pièces ne se trouve dans le manuscrit de la Bibliothèque nationale : elles lui sont sans doute postérieures ; les *Traductions* ont été imprimées, en 1554, chez Estienne Groulleau, de Paris. Aucune ne porte le nom du poète angevin. Mais lorsqu'il donna sa

---

[1] Petit in-8° non chiffré de 134 pages. Les épigrammes de Clément Marot, sont imprimées de la page 1 à la page 21. Viennent ensuite : « Autres épigrammes de plusieurs auteurs tant de leur invention que pris du latin, » entre autres une poésie de Lyon Jamet à Marot, une traduction de Théocrite, par Lazare de Baïf, le jeune, une imitation des Baisers de Jean Second. Presque toutes ces pièces sont fort libres. Le seul exemplaire que nous ayons pu rencontrer, et qui manque à la Bibliotheque nationale, est à l'Arsenal, sous la cote 6423 bis B. L.

grande édition de Marot, à La Haye, en 1731 (5 volumes in-4°), l'abbé Lenglet du Fresnoy emprunta au recueil ci-dessus deux poésies qu'il publia sans hésitation sous le nom de « Germain Colin » : l'une d'elles, *D'un qui vouloit estre presbtre*, est signée, au recueil, des initiales G. C., l'autre, intitulée *De frere Colin*, porte les initiales M. G.

Nous avons cru devoir réimprimer ici, après la première pièce reproduite dans les Œuvres de Clément Marot par Lenglet du Fresnoy, les autres poésies du petit recueil de 1554, publiées sous les initiales G. C. et M. G. : l'épitaphe encore inédite de Jean Olivier, évêque d'Angers, et les deux épîtres de Colin à Jean Bouchet, publiées dans *Epistres morales et familières* du Traverseur, en 1545.

CCXCI

D'un qui vouloit estre prestre, par G. C.

Quelqu'un desirant estre prestre
A l'evesque se presenta,
Qui lui dit : — Si tu le veux estre,
Quot sunt septem sacramenta ?
Ce mot bien fort l'epouvanta.
— *Tres*, dit-il. Et l'evesque : — *Quas ?*
— *Est spes, fides et charitas.*
— Vrayment tu as bien repondu.

Greffier qu'on depesche son cas,
Digne est d'estre prestre tondu [1].

[1] L'érudit Gilles Ménage, mort en 1692, compatriote de Germain Colin, attribuait cette petite pièce citée dans la 2ᵉ édition du *Menagiana* (1694) à Mellin de Saint-Gelais ; mais l'éditeur de cette deuxième édition, l'abbé Faydit, en citant l'opinion de Ménage, remarque, en note, que ces vers sont de « Germain Colin, d'Angers, poète français du temps de Marot », ajoutant qu'ils ont été publiés d'abord dans l'opuscule *Traductions....* imprimé, dit-il, en 1555 à Rouen (Paris, Groulleau, 1554). Ménage qui cite ces vers comme « passables » les cite mal d'ailleurs. Voici les variantes du *Menagiana* :

... Lequel lui dit : Si tu veux l'estre,
. . . .
Puis il dit : *Tres.* L'évêque : *Quas ?*
Sunt Fides, Spes et Charitas.
Parbieu ! tu as bien repondu.
Sus, clerc, qu'on depêche son cas,
Il mérite d'être tondu.

Au tome II, p. 428, de la 3ᵉ édition du *Menagiana*, donnée à Amsterdam, en 1713, le texte de Ménage et la note de Faydit, ont été conservés. — Au tome II, p. 319, de l'édition donnée à Paris, chez Florentin Delaulne, en 1715, par La Monnoye, et au tome II, p. 319, de l'édition (sans doute même tirage) publiée chez la veuve Delaulne, en 1729, l'éditeur, après avoir fait cette citation de Ménage et rappelé la note de Lacroix du Maine, dit : « C'est peut-être de Germain Colin, d'Angers, poète... » Et plus loin, à la page 320, de l'édition de 1715, on lit : « Les deux lettres G. C. pourraient aussi bien servir à Georges Chastelain, Guillaume Coquillart, Guillaume Cretin et autres poètes à peu près contemporains, dont le nom commencerait par ces deux mêmes lettres, qu'à Germain Colin. Ce qu'il y a de plus vraisemblable c'est que l'auteur quel qu'il soit a trouvé la matière de son épigramme dans ce passage de Barlette : *Diaconus ordinandus in Sacerdotem ab Episcopo interrogatus de sufficentia : Quot sunt sacramenta Ecclesiæ ? Respondit : Tribus. Et Episcopus : Quibus ? Crismus. Baptismus et Missa pro defunctis.* C'est en son sermon du lundi de la troisième semaine de Carême. D'autres disent que ce diacre répondit : *Tres : Aspergillum, Thuribulum et Magnum altare.* »

CCXCII

Epitaphe de feu Clement Marot, dit le Maro[1] de France, par M. G.

Ma naissance fut de Cahors,
France me nourrit en sa court,
La Savoye retient mon corps,
Mon nom par tout le monde court [2].

CCXCIII

De Guillaume, par M. G.

Quand on est sain, et qu'il fait chaut,
Porter pentoufles il ne fault :
Mais, si bien vous y espiez,
Vous verrez qu'outre la saison
Guillaume en porte, et la raison,
C'est qu'il a tousjours froid aux piedz.

---

[1] Allusion à Virgilius Maro.
[2] Clément Marot mourut à Turin, en 1544.

CCXCIV

Epitaphe de feu Monsieur de Langey [1], **pris du latin :** *Hic jacet et lassa requiescit,* etc., **mis en françois par M. G.**

Cy gist un corps, qui a eu le pouvoir
D'estre pareil en sa vie a trois dieux :
A Mars, en guerre, a Pallas, en sçavoir,
Et a Mercure, a qui diroit le mieux.
Ces trois grans dieux de sa gloire envieux
Contre son nom menerent grand debat,
Disans ainsy : — Mort, nostre nom s'abat,
Si tu n'occis le seigneur de Langey.
— Non, non, dit Mort, puy qu'en terre il vous bat,
Au ciel sera plus hault que vous renge.

CCXCV

Autre pris du latin : *Vade, quiesco,* etc., **par le même M. G.**

Passans, va, je repose.
Oncques n'ay repose,
Au moins que je repose
En ce tombeau pose.

---

[1] Guillaume du Bellay (de l'ancienne maison originaire de l'Anjou, qui devait donner le poète Joachim du Bellay) ; homme de guerre, diplomate et historien, vice-roi de Piémont, de 1537 au 9 janvier 1543, date de sa mort à Saint-Symphorien, était né au château de Glatigny, près Montmirail, en 1491. Ses *Mémoires* sont très connus.

CCXCVI

De la langue de feu Monsieur de Langey pris de Homedeus, par M. G.

Quoyque Langey soit cendres desormais,
La langue en parle aussi bien que jamais :
Car le hault Dieu n'a point voulu permettre
Morir la langue en quoy il voulut mettre
Tant de sçavoir, l'arrousant d'eaux liquides
Dedans ce fleuve aux Nymphes Aonides [1].
Elle, dit-il, a jamais ne morra,
Et pour sa guide un docte maistre aura.
Sus, sus, Mercure [2], ores coupe et debrise
Ta douce langue, une neuve soit prise,
Pren vistement du bon Langey la langue
Pour prononcer toute grave harangue.
Mercur a doncq' obeissant a Dieu,
Coupe sa langue et met l'autre en son lieu :
Incontinent il parla bon Romain,
Bon Espagnol, bon Françoys, bon Germain.
Les dieux s'en vont esbahiz grandement,
Et n'ont cogneu Mercur aucunement

---

[1] Montagnes Aoniennes dans la Béotie, sur lesquelles s'établit Aon, fils de Neptune, fuyant l'Apulie. Elles étaient consacrées aux Muses.

[2] Mercure était à la fois dieu de l'éloquence, du commerce et du vol.

Parlant ainsi : sur ce Momus[1] parla :
— Cessez, dist il, ceste langue qu'il a,
Fut a Langey, laquelle ne dist oncques
Un tout seul mot de mensonges quelconques :
Mais ce larron et subtil mensonger
Ne la pourra a bien dire renger.
— Tu faux, Momus, c'est Langey, dist Dieu lors,
Qui a saisi de Mercure le corps,
Sa douce langue et a bien dire experte
En donne a tous la cognoissance aperte,
Il fut jadis des Roys mediateur
Embassadeur et conciliateur
Mais maintenant sur tous les bienheureux
Il reluyra et sera tout entr'eux.

CCXCVII

Epitaphe de feu Jehan Olivier, en son vivant evesque d'Angiers, faict en latin, et traduict au plus pres par Germain Colin[2].

Ne t'enquiers plus, o passant, qui je suys,
Je ne suys plus et plus estre ne puys.

---

[1] Dieu de la raillerie.
[2] Jean Olivier, l'auteur de *Pandora*, né à Paris, vers 1480, mort en Anjou, en son château d'Éventard, le 12 août 1540. On voit encore dans la cathédrale d'Angers, quelques débris de son magnifique mausolée. J'ai publié dans la *Revue de l'Anjou*, tome XIX (1889), p. 86-90, le texte de cette épitaphe et deux autres traductions du xvie siècle.

Que faiz-je donc soubz ceste sepulture ?
D'ung corps pourry je donne aux vers pasture
Jehan Oliviers je fuz jadis nomme
Sur tous vivans en peche consomme,
Ne de Paris, et si tu as envye
Sçavoir l'estat que j'avoys en ma vie
Premierement l'estat que je tenois
C'estoit saint Marc abbaye en Soissonnois
Et puys d'Angiers evesque fuz long temps [1]
De Livres Saincts estoit mon passe temps
Et si tu es tant desireux d'entendre
Qu'il reste ycy, ce ne sont qu'os et cendre,
Ou est l'esprit ? hola, c'est assez dict
Car le surplus a l'homme est interdict
Et n'appartient aux vivans curieux
De s'enquerir des grands secretz des cyeulx
Ne que Dieu veult ou doibt faire de l'homme
C'est bien assez que l'on congnoisse en somme
Qu'avec le corps des fidelles ne meurent
Les Sainctz esperitz, mays en repos demeurent
Jusques au jour qu'il conviendra tous mors
Resuciter avec leurs premiers corps
Pour vivre au ciel sans fin heureusement.
Or t'ay je dict mon estat plainement
Mays pour aultant que je n'ay la puissance
D'avoir de toy parfaicte cognoissance
Ensepvely d'obscurite profunde
Je te supplye, amy, qui vis au monde

---

[1] Pendant huit années.

Tant seullement que tu sois en esmoy
D'avoir au vray cognoissance de toy
Et de prier le seigneur Dieu qu'il face
A tous les mors sentir sa paix, sa grace [1].

---

[1] Cette traduction inédite est extraite de la collection manuscrite de Dom Housseau, à la Bibliothèque nationale, tome XVI, p. 212. Elle m'a été signalée par M. Célestin Port, de l'Institut, archiviste de Maine-et-Loire, et j'en dois la copie à l'obligeance de M. Marius Sepet, qui m'a donné aussi la copie du texte de l'épitaphe de Jean Olivier, d'après le manuscrit latin 4813, fol. 262, à peu près contemporain de Colin et d'Olivier :

    Inquiris hospes qui siem ? Non sum amplius.
    Quid agam ? putresco et vermium greges alo.
    Qui fuerim ? Ineptus Janus Olivarius
    Peccator unus ominum premaximus.
    Unde ? Urbe natus nobili in Lutetia.
    Quo functus olim munere in republicâ ?
    Primum archi abas, Andium post pontifex.
    Que otia ? sacratas paginas evolvere.
    Quid hac in urna superat ? ossa et cinis.
    At quo animus ? hospes contine, scire hoc nephas.
    Archana Divûm non decet scrutarier
    Neu quid negocii Jovi sit cum manibus
    Satis superque nosse erit, fidelium
    Post fata mentes non mori, at quiescere
    Donec resurgant in priore corpore
    Augustiore quam antea, fœlicius
    Victura in œvum cum beatis omnibus
    Jam abunde nosti qui fuerim, at altissimis
    Quando in tenebris nequeo te agnoscere
    Saltem hospes unum hoc, te te ut agnoscas rogo
    Optesque veram mortuis pacem omnibus.

CCXCVIII

EPISTRES A JEAN BOUCHET

Voici d'après les *Epistres morales et familières du Traverseur,* publiées *à Poictiers, chez Jacques Boucher,* en 1545, in-folio, les deux lettres en vers écrites au poète et chroniqueur poitevin par Germain Colin Bucher [1].

EPISTRE LXIIII

Epistre poetique envoyee de Nyce audict Bouchet, par maistre Germain Colin, secretaire de monsieur le grand maistre de l'ordre Saint-Jean de Jerusalem.

Pour Dieu mercy Muses faictes et vierges
De toute grace et science concierges
Pour Dieu mercy, pour Dieu pardonnez moy
Si mon sens rude ause entrer en l'esmoy
De dedier a Bouchet escripture,
Ce que j'en fais viens de bonne nature,
Non de proterve ou fière eslation
Je congnois bien par la relation,
Qui de ses faictz toute France environne
Que digne il est de laurée couronne,

---

[1] Folios XLIV, XLV et XLVI. — L'orthographe et la ponctuation de ces deux pièces ont été suivies d'après l'original imprimé en 1545.

Je sçay cela, et congnois plus avant
Que grossier suis et non assez sçavant
Pour composer chose digne de lire,
Mesme ou tout homme aulcun gré puisse eslire
Car il merite entre les mieulx mériz
Qui par vous sont alaictez et nourriz,
Et le mettroient en leurs sieges et tiltres
Les anciens orateurs et magistres
S'ilz vivoient or, Sainct Amour[1], Clopinel
L'avanturier[2], George tant solennel[3],
Alain Chartier, guydon de cortoisie[4]
Le beau Castel[5], culteur de poésie,
Et Meschinot[6], duquel a mon advis
Il suyt la phrase et les moraulx divis.

[1] Saint-Amour, célèbre professeur de l'Université de Paris au xiiie siècle, adversaire de saint Thomas d'Aquin et d'Albert le Grand, comme de tous les religieux mendiants.

[2] Clopinel était le surnom du trouvère Jean de Meung, né vers 1280, à Meung-sur-Loire, et mort à Paris, vers 1318, continuateur du *Roman de la Rose* de Guillaume de Lorris. C'était, suivant un chroniqueur, un poète, « sachant tout ce qui a entendement humain est scible ». Colin l'appelle ici « aventurier » dans le sens probablement d'auteur de roman.

[3] Georges Chastelain, poëte et chroniqueur bourguignon, né en 1403, mort à Valenciennes, le 20 mars 1475. Ses poésies furent louées avec excès par les contemporains.

[4] Alain Chartier, né vers 1385, à Bayeux, mort vers 1449, remplit au xve siècle le rôle de chef d'école, et ses poésies obtinrent la plus haute renommée. Saint-Gelais l'appelle :
« Doux en ses faicts et plein de rhétorique,
« Clerc excellent, orateur magnifique... ».

[5] Voir son épitaphe ci-dessus, n° CCXLI.

[6] Jean Meschinot, né vers 1415, à Nantes, mort le 12 septembre 1491, composa un recueil de poésies, *Les Lunettes des Princes* (Nantes, 1493, petit in-4°), qui eut plus de vingt éditions, en cinquante ans.

Mais l'amitie de sa plume elegante
M'a faict brasser ceste espitre arrogante,
Et me contrainct service luy offrir
Tant qu'ung bon cueur en peult faire et souffrir
D'un commendeur non mettable en arrière
Son bon voisin d'une ville et pays.
Y a promeu mes sens tout esbahis,
C'est Guyvereau, qui hault cherist et prise
Ce que Bouchet faict soubz vostre entreprise.
C'est Guyvereau qui de vos sacres seurs [1]
Loue sur tout ses graces et doulceurs.
Donc Caliopé [2] entre toutes esleue
Quoyque bien tard je t'ay quise et voulue,
Et que je soie arrivé gros et lourd
Depuis quatre ans seulement en ta court,
Voire cousu en publiques besongnes,
Je te requiers pourtant que ne m'esloingnes
De ta faveur, infonde en moy sçavoir
Tel que Bouchet me daigne recevoir
De ses servans par un plus digne hommage
Car mon esprit est si gros et ramage
Que sans ta grace infuse en mon cerveau
Je ne ferois rien qui fust bon ne beau,
Je te quiers veine que pour luy plaire,
Non pour tirer son loz en exemplaire,
Car il fauldroit Maron [3] resusciter,

---

[1] Les Muses.
[2] Calliopé, muse de la poésie épique.
[3] Virgile.

Ou bien Budee¹, ou Erasme² exciter
Pour le louer ainsi qu'il merite,
Mes vers rendroient sa digne gloire irrite,
Si je voulois en son loz me fourrer,
Et semblerois cil qui veult labourer
Sur dure roche, aspre, froide et ague
A soc de plomb, et mouche besague,
Plume n'ay pas essorante si hault,
Franc Colin suys, non sacre ne gerfault³,
Qui ne pourrois en si grave matière
Venir au poinct de consequence entière,
Il me suffist, comme j'ay davant dit,
Le solacer en l'aer de ton credit,
Et luy donner aucune recréance,
Plusieurs farceurs ont bien ceste créance
En leurs grossiers plebeyans arroys
D'aller jouer chez les princes et roys,
Et bien contents des seigneurs s'en reviennent
Ja que leurs jeulx aux vertuz disconviennent.

    Qui faict cela? Certes c'est la faveur
D'aulcun bon mot, yssu de ta faveur.

---

[1] Guillaume Budé, érudit, né en 1467, à Paris, mort le 23 août 1540. A la date où Colin écrivait cette épître, Budé venait d'obtenir du roi François Ier, avec l'appui de Jean du Bellay, l'érection de trois chaires libres d'hébreu, de grec et de haute latinité, qui furent les germes du Collège de France.

[2] Désiré Gerhard, dit Erasme, l'auteur de *l'Éloge de la Folie*, des *Adages* et des *Colloques*, né à Rotterdam, le 28 octobre 1467, mourut à Bâle, le 12 juillet 1536.

[3] Colin était un oiseau inoffensif; le sacre et le gerfault, des oiseaux de proie, de haut vol.

Aussi par toy, tres eloquente muse [1],
Je ne croy point que Bouchet ne s'amuse
Sus mon escript, et ne le prenne en gré,
Combien qu'il soit d'un infiny degré.
Les grands seigneurs cerchans gloires prodigues
Reçoyvent bien dons de prunes et figues [2]
Par simples gens, chempestres et ruraulx,
Les dieux aussi clemens et libéraux
En leurs dorez et sacrez édifices
Des bas humains prennent les sacrifices,
Et si voit on aux grands jours voluntiers
De verds rameaulx tapisser les autiers.
Or a toy doncq Poete Acquitanique
Docte Bouchet, ma plume mecanique,
Qui toutesfois blasme oncques n'escrivit,
De par celuy qui jamais ne te veit
Mande salut et humble révérence,
Le suppliant qu'en si froide apparence
Que j'ay d'escrire a un mien incongneu,
Je ne te sois de bonne grace nu.
Castel ainsy et Georges l'escripvirent,
Autres plusieurs qui jamais ne se veirent
Se sont escript, pour l'honneur de leurs arts,
Et favorez en dangiers et hazars.
Si je t'escris premier que te congnoistre
Mesmes escript, ou ne se peult paroistre

---

[1] Calliopé.
[2] Lorsqu'un grand seigneur visitait une ville, un pays quelconque, il était d'usage, et parfois de droit, qu'il eût des présents de fruits, de vin, etc.

Aucun bon traict de polie oraison,
Tu n'en dois point estre marry, raison,
Le Roy Xerces a heure fantastique
Eut present d'eau d'un incongneu rustique,
Et touttesfois il la print, et en beut
Autant a gré que d'un royal tribut.
J'en pourrois bien ramener autre exemple
Mais ton esprit l'entend mieulx et contemple.
 Doncq je me tais, mettant le résidu
Au jugement de toy mieulx entendu,
Et requerant tes essences courtoises
Que de bon cueur mon esprit aprivoises,
Faicte en murmure et guerroiant strepit,
Ou Muses n'ont ny faveur ny respit,
Je suis en nau entre sept cents armures
Ou il n'y a que vagues et murmures.
Et jà que sois de corps assez dispos
L'esprit pourtant ne peult avoir repos
Pour satisfaire aux choses honnorées
Je ne congnois bouches si bien dorées
Qui en ces flots ne perdissent le goust
La mer parfois souffle si fort et boult
Qu'il n'y a sens qui tout ne s'en farousche
Ni si bon cueur qui de peur ne s'acouche.
Pourtant Bouchet seigneur tres honnoré
De grands vertuz et graces decoré,
Si ma lettre est rude et mal ageancée
Excuse moy en ton humble pensée,
Et la reçois comme un gage d'amour,
Non jamais lasse a servir nuict et jour.
  Vela que c'est, de Nyce ce 7 juillet l'an 1529.

EPISTRE LXVI

Seconde epistre envoyée par ledit Colin audit Bouchet et de la Cecille, qui est faicte en vers tiercez et rime Toscane et Florentine.

J'attendois bien certes telles usures
Et pour espitre inélégante et lourde
Ou nulles sont Museynes mesures,
Nulles doulceurs mais toute chose absourde
Avoir escript très-opulent et riche,
Et que ta main non pesante ny gourde,
Vers moy seroit plus prodigue que chiche.
 J'attendois bien que tes courtoises meurs
Et tes vertuz que ta nature alliche,
Me feroient plus d'honneurs et de faveurs
Que je n'en suys digne, ne bien mery,
Mais toutesfoys quand le filz des neuf seurs
Leur grand mignon, fauteur et favory,
Le juge ainsy, il fault que je l'endure,
Et que j'en face un peu du renchery,
Car si ton dire est de droicte censure,
Le jugement d'un si grand personnage,
Vault un arrest, qui en loz tousjours dure.
 Et si d'amour j'ay ce bon avantage,
Mieulx a mon gré que cinq cents d'heritage,
Car quel mannoir, possession ou place,
Peult advenir plus digne ou seure a l'homme,
Plus honorable, ou qui plus le solace,

Que la faveur des sinceres amys ?
Il n'en est point de plus heureux en somme.
   Les ungs en rente ont leur fortune mis,
Autres en cens mesurent heur et joye,
Autres en fruictz a la gresles soubzmis,
Mais quant a moy il m'est advis que soye
Plus que Cræsus [1], riche, heureux et puissant,
D'aucuns amys que j'ay en mainte voye,
Dont la vertu par tout est plendissant.
   Ceulx là tandis que Dieu les me préserve
Je me diray de tous biens jouissant
Plus que celuy qui grans tresors reserve.
Et si au vieulx se joinct amy nouveau
Tel comme toy protecteur de Minerve,
Je pencheray [2] d'un precieulx joyau
Avoir acreue ma fortune et mon bien,
Et faict ung gaing tres-excellent et beau.
   Jà de longtemps eu cest heureux moyen
De praticquer l'erudite accointance
D'un par sus tout grant rhetoricien
C'est de Mace, le chroniqueur de France,
Le sucesseur de Guillaume Cretin [3],
Dont le françois est de telle prestance
Qu'il resplendist autant que le latin
Et d'avant luy j'avoie amour entière
Avec Lochier d'honneur le vray scrutin
Le propre Homere en subtile matière.

---

[1] Crésus, roi de Lydie, célèbre par ses richesses.
[2] *Sic*, évidemment pour *penserai*.
[3] Voir ci-dessus, pages 21-22.

Marot aussi passa en renommée
Tous les destroictz de Gallicque frontière
J'ay frequente en grace assez aimée.
Muses, vertuz, honneurs et gentillesses
Jectent sur moy leur rancune et fumée,
Si je ne prends plus au cueur de lyesses
De leur amour, acueiul, et privaulté
Que si le Roy me donnoit les richesses
Et le dessus d'une principaulté.
Voilà, Bouchet, ma simplette nature,
Croy que je fais plus de speciaulté
De toy amy, que d'une prelature.
Mais suspendons ung peu ce propos cy.
J'ay entreprins de te faire ouverture
D'aulcuns succès de ces bandes icy.

Fortune c'est (grace a Dieu) changée,
Et si a prins les vertuz en soulcy
Qui l'ont vaincue en bataille rengée,
Sont cestes là du grant maistre de Rhodes,
Sa Majesté en est ores vengée,
Et maintenant par exploictz bien commodes
Elle s'encline a tous ses haulx desirs.
Pour effacer Turcqs, Barbares et Brodes [1],
Si qu'orendroit après long desplaisirs,
Après avoir couru toute l'Europe
Pour obtenir des Roys aulcuns plaisirs,
Sus quelques poinctz que secret enveloppe,
Après avoir par prudente conduicte
Rompu les sorts de sincope a syncope

---

[1] Mulâtres Arabes.

Mis tout danger et mal-encontre en fuyte
Finablement ce hault prince et Grand Maistre [1]
A trouvé lieu et place propre et duicte
Pour invader a dextre et a senestre
Mores [2] et Turcqs, Barbares et Corsaires.
 S'on veit jadis honneur en Rhodes estre,
Et triompher contre ses adversaires,
Croy que les lieux qu'aujourd'huy il repare,
Sont pour la Foy non de moins necessaires,
Et pour tenir en joug terre barbare.
Sont Malte [3] et Goze [4] avecques Tripoly [5],
Lesquelz jaçoit que la grace y est rare,
Et le pays tout triste et demoly,
Ce nonobstant en peu de temps j'espère
Que l'heur de guerre y sera tant poly,
Si reluysant et pompeux en victoire
Qu'on en verra louange reflorie,
A tous rabais de mainte vieille hystoire,
Car le Grand-Maistre et sa chevalerie
Sont tant ornez de magnanitude

---

[1] Philippe de Villiers de l'Isle-Adam.

[2] Maures.

[3] Après le glorieux siège de Rhodes, les chevaliers de Saint-Jean de Jérusalem se retirèrent à Malte, en 1530.

[4] Gozzo, l'antique Gaulos, identifiée à l'Ogygie d'Homère, petite île de la Méditerranée au nord-ouest de Malte, dont elle suivit toujours la destinée avec les Phéniciens, les Carthaginois, les Romains, etc.

[5] Concédée aux chevaliers de Saint-Jean de Jérusalem par Charles-Quint, en même temps que Malte, en 1530, l'ancienne régence de Tripoli fut disputée pendant vingt et un ans aux chrétiens par les Turcs, qui l'enlevèrent en 1551, sous le commandement de Sinan-Pacha.

Et d'appetit que la foy seigneurie
Qu'il la mettront hors de calamité
Et qu'ainsy soit, jà se veoit le presage,
Et le signal de leur sublimité.

Ces jours passez en certain navigage
Les chevaliers hardiz, francz et robustes
Ont envesty de rame et de courage,
Sans perdre un seul de leurs gens, quatre fustes,
Et depuis trois, dont les deulx de ce nombre
Aux chrestiens ont faict griefz tant injustes
Que c'est horreur d'en raconter l'encombre.

Croy qu'il y a tant de fustes sur mer
Qu'il semble veoir buyssons de mortel umbre
Et aujourd'hui le Turcq a fait armer
Comme l'on bruyt trois à quatre cents voyles
Ou est le Roy qui le pourra gourmer ?
(Si non celuy qui fiet sur les estoiles)
Nul pour ce temps, car noz princes et roys
Appetent mieulx chasser les cerfs es toile
Que d'assembler leurs effors et arrois
Pour recouvrer l'heureuse terre saincte
Ou Jesus-Crist mourrut pour eulx en croix,
Mais de cecy je me tais, car la plaincte
Que je ferois en chose tant ardue
Jà n'en seroit dedans leurs cueurs enpraincte
Fors pour parolle esgarée et perdue.

Avec cela, si je m'en voulois plaindre
Je laisserois la fin trop suspendue
De ce que j'ay commencé à te paindre.

Revenant donc aux fustes d'avant dictes

Que l'on souloit en Cecille[1] tant craindre,
Saches Bouchet qu'elles sont interdictes,
Et hors de mer, exulantes sur terre
A flat perdu, comme choses maudictes.
Riche butin on fist à les conquerre,
Car sus avoit de chretiens esclaulx
Pres de six cens, vogans en dure serre,
Qui furent tous delivrez des travaulx
Que sans pitie plusieurs ans ont soufferts :
 Ou sont présent les actes plus royaulx
Que d'affranchir les chrestiens des fers ?
Ou est la foy du bon Roy Sainct Louys ?
Ou sont les faictz des preux et vaillans pers ?
Certes Bouchet ils sont esvanouyz
Au grand meschief des hommes catholiques,
De quoy les Turcqs sont autant resjouys
Comme il en sort sur nous hontes publicques.
 Et si de brief Jesus n'y remedie
Le Turc viendra es parcs apostolicques,
L'espée au poing, sanguinaire et brandie,
Qui honnira les sacrez ediffices
Jusques en fin pollue et enlaidie,
Car luy voians les haultains bénéfices
Les quelz a gré fortune luy veult tendre,
Et que noz Roys par subtilz artiffices,
Que l'on ne peult concepvoir n'y entendre,

---

[1] Sicile. En Anjou, les paysans disent encore, en parlant de Jeanne de Laval, reine de Sicile, dont le souvenir est resté populaire dans la vallée de la Loire, « la reine Cecile ».

Ne veulent point leurs nobles vertuz joindre
Pour le frustrer de son hault entreprendre,
A Lavellone il s'est venu conjoindre.
Avecques telle et si puissante armée,
Que s'il fournist et acheve son poindre
Place n'y a tant seure et bien fermée
Qui tost ne soit ouverte et desmolie.
Romme jadis de vertuz tant gouvernée
Si une foiz il entre en l'Italie
Sentira pis que de souldars d'Espaigne.

 Las mais pourquoy mon fol sens se deslie
Sur telz propos que Roy ne prince daigne,
Ho, s'est trop dit, tout sage s'en doit taire
Car fol est cil qui de ses pleurs se baigne.

 Je ne suis pas herault elementaire
Pour annoncer la volunté des dieux
Quand ilz vouldront sort aurons salutaire.
Mais ilz sont loings (ce croy-je) pour le mieulx.
Vela, vela, une grant rastellée
Des nouveaultez de ces estranges lieux
Si ma façon est au lourd martellée
Excuse moy, car pas n'ay bons outilz
Ny bonne grace en mes sens attellée
Comme plusieurs bons ouvriers et subtilz.

 Au demourant tres honnoré Bouchet
De qui les sens sont de tous biens fertils
Je t'advertiz qu'Amours de son archet,
Et traictz dorez de ta plume sacrée,
Dont ta lettre est plaine comme un sachet,
A tes plaisirs mon ame a consacrée,

Non quel soit de grace en rien fulsie
Qui ton esprit aulcunement recrée
Mais c'est affin qu'elle soit esclarcie
Par ton sçavoir des nuaux d'ignorance
Dont elle est toute encombrée et noircye.
 Partant je prye ta letrée prestance
Que doulcement la vueilles recevoir
Si tu n'y sens jacture ou importance,
Et ne quers plus cela que ton sçavoir
Rend obligé tout noble cueur de faire,
Honneur te doit tel tribut et devoir
S'il veult jamais aux Muses satisfaire
 Croy que je suys de tes vertuz esclaue
Non paresseux mais prompt en tout affaire.
Mesmes au grec de Museyn conclave,
Car tel labeur me plaist sur tout service
Quoique mon sens lourdement s'y enclave
Impere moy comme maistre a novice.
Tu me verras a tes ventz reflechir
En Angevin débonaire et sans vice
Ne sachant point simuler ni gauchir.
Je suis d'Anjou, de gente clere et franche
Qui n'a taché que d'honneur s'enrichir
Dont m'a fallu appuyer d'aultre branche
Pour soustenir ma vie en ce bas monde
Qui sus les bords d'amaritude panche.
Mais quelz propos sont ceux cy que je fonde ?
Tu diras bien que je refve ou abuse,
Et que par trop en ta grace me fonde
De t'entamer ma fortune confuse.

A vray parler je fais fort du privé
Mais si ce n'est par simplesse de Muse
De bonheur soie a tout jamais privé.
 Excuse donc mon epistre longuette
Dont le gros sens est si très derrivé,
Et si quelqu'un d'oultrageuse languette
Sur ceste rime estoit immurmurant
Jecte au devant la dorée targuette
De tes espritz pour m'en estre garant,
Si Sarrogoce empres celle Grethuse
La où jadis Virgille feit mainct vers,
Lorsque la source et argentine buse
Jectoit eau doulce, et clere a ton envers,
Mais elle est toute aujourduy salemastre
Et les conduictz sucrez en sont couvers :
Dont si ma lettre appert epistollastre
Ne blasme pas du tout mon gros cerveau
Mais Arethuse [1] ou plus n'a de bonne eau
  Vela que c'est [2]

Cil qui a plus les Muses que l'or cher
Ton serviteur, Germain Colin Bucher.

---

[1] Fontaine de la Sicile, au pied de la ville Syracuse.
[2] Devise de l'auteur.

GLOSSAIRE [1] ET TABLE ALPHABÉTIQUE

A

AAGE, 73, 241, 247. — Age.
ABAHIE, 244. — Abbaye.
ABISMER, 139. — Anéantir.
ABRÉGEMENT, 88. — Abréviation.
ABSOURDE, 298. — Absurde.
ABSTENIENS, 257. — Athéniens, Grecs.
ACADÉMIE d'Angers, page 7.
ACCOINTANCE, acoincte, 30, 298. — Abord, fréquentation ; il aborde.
ACHERON (l') ou l'Acheronte, pages 59, 169.
ACHOISON, 199. — Occasion.
ACOISE, 40. — Aborde.
ACOYSE, 191. — Calme.
ACOUBLEZ, 107. — Joignez, réunissez.
ACOUCHE (s'), 298. — Se met dehors, sortir.
ACTAINT, 191. — Atteint.
ACTENTE, 271. — Attente.

---

[1] Les chiffres précédés d'un p. indiquent la page. Ceux qui suivent le nom, sans autre signe, se réfèrent au numéro de la pièce de ce volume.

Les définitions données se rapportent spécialement à la langue de Germain Colin ; elles ne sont pas générales. Un bon nombre de ces expressions sont inédites, et ont échappé aux recherches de Du Cange, de Roquefort, de Lacurne de Sainte-Palaye, et même à celles plus complètes et toutes récentes de M. Frédéric Godefroy.

Actéon, p. 149.
Acteur, 153. — L'écrivain, le poète, l'auteur.
Acueuil, 298. — Accueil.
Ad, 160. — A.
Adestre, 219. — Donne la main.
Adeullée, 68. — En proie au deuil, au chagrin.
Adextre, 219. — Adroit.
Adjouster, 52. — Ajouter.
Adoncq, 233 bis, 297. — Donc.
Adonis, p. 69, 85.
Adurée, 71. — Répandue.
Advise, 215. — Donne avis.
Aelles, asles, 60, 74. — Ailes.
Aer, 298. — Air.
Affermée, 70. — Assurée.
Affine (s'), 7. — Se polit.
Afflat, 87, 298. — Souffle.
Agencée, 55. — Soignée, ordonnée.
Agravez, 234. — Accablés.
Agret, aigret, 135. — Triste.
Ague, 298. — Aiguë.
Aguetz, 97. — Pièges, affût.
Aguillon, 84, 152. — Aiguillon.
Aguise (s'), 244. — S'aiguise, s'augmente.
Ahan (quel), 142. — Quelle fatigue ! que d'efforts !
Ahy ! ohy ! oh ! hy ! 136, 152. — Exclamation de douleur.
Ains, 147, 208, 251. — Mais, au lieu de.
Alaictz, 298. — Allaités (propre et figuré).
Alaine, allaines, 71, 87, 186. — Haleine.
A l'arme ! 38, 246. — Alarme ! (interj.)
Alayna, 16. — Passé déf. de alainer, soustraire.
Alciat, Alcyon, p. 56, 111.
Alengorie, 16. — Alanguie.
Allaine. — Voir Alaine.
Alliche, 298. — Attirer par ruse; se dit encore en Anjou, ainsi que « agricher », à peu près dans le même sens.
Amaritude, 16, 298. — Amertume.
Ame, amé, amer, 30, 139, 211, 213, 223, 253, 266. — (Verbe) Aimer.
Amer (subst.), 139, 141. — Action d'aimer.

Amour (l'), p. 79, 80, 81, 82, 86, 89, 91, 92, 93, 94, 95, 99, 102, 103, 105, 106, 107, 108, 109, 112, 113, 117, 127, 132, 137, 139, 141, 142, 150, 153, 154, 158, 159, 161, 165, 166, 173, 176, 179, 194, 197, 201, 203, 282.

Amplus, 195. — Pas plus.

Amyable, 9. — Aimable.

Anacréon, p. 71, 129.

Ancenis, p. 60,

Ancre, 25. — Encre.

Andigné (d'), p. 12.

Angers, Angiers, p. 11, 13, 39, 44, 45, 46, 47, 48, 49, 53, 60, 73, 109, 115, 124, 167, 180, 189, 244, 245, 251, 255, 256, 257, 259, 267.

Angoissé, angoisser, 74, 208. — Désolé, être colère.

Angrie, p. 12.

Anthiope, p. 108.

Aonides, p. 266.

Apareille (s') et s'appareille, 97, 186. — Se prépare.

Aperte, 297. — Ouverte. (Voir Appert.)

Apetissant, appettez, 103, 224. — Désirant, désirez.

Apollo, Apollon, p. 38, 52, 101, 176, 247, 264.

Apparoir, 38, 69. — Apparaître.

Appenser, 108. — Penser.

Appert, apert (il), 40, 189, 298. — Il apparaît, il résulte.

Aprise, 215. — Enseignée.

Aprouche, 212. — Abord.

Ard, arde, ardoir, ards, 16, 134, 199, 226, 240. — (Verbe) Brûler.

Ards, 136. — (Adj.) Desséché, sec, brûlé.

Ardue, 298. — Brûlante.

Arethuse, p. 284, 298.

Aretin, p. 54.

Argus, p. 85.

Arme (à l'). — Voir A l'arme.

Armeure, 152. — Armure.

Arolée, 97. — Préparée.

Aronde, 236. — Entoure.

Arques, p. 22.

Arrousant, arrouser, 136, 297. — (Verbe) Arroser.

Arroy, 90, 255, 298. — Maintien, train de vie.

Arsure, 10, 71, 73. — Brûlure.
Artistes, p. 48, 71, 90, 92, 94, 99, 104.
Aslerons, 24, 109. — Ailerons.
Asles, aelles, 60, 74. — Ailes.
Assaille, 262. — Attaque.
Asseicher, 240. — Sécher.
Assommeille (s'), 147, 186. — S'endorme.
Athropos, p. 237.
Attraicture, attraire, attrait, attrayoit, 6, 217, 239, 257. — Action d'attirer ; (verbe) attirer.
Auberger, 267. — Héberger. (Encore usité en Anjou.)
Aubourrez, 282. — Bourrés.
Auguis (Pierre-René), p. 4.
Aure, 71, 119. — Air.
Aureilles, 156, 181, 256. — Oreilles.
Aurigny, p. 38, 175.
Aurore (l'), p. 179.
Ause, 298. — Ose (v.).
Autiers, 298. — Autels.
Auxerre, p. 13.
Avange, 132. — Avance. (Encore usité en Anjou.)
Avaugour (d'), p. 88, 89.
Avertin, 186. — Le gosier.
Avettes, 83, 84. — Abeilles. (Encore usité en Anjou.)
Aveuglist (s'), 239. — S'aveugla.
Avoir (d'), p. 88, 89.
Avril (Jean), p. 2.
Avys, 228. — Discernement.

B

Bapture, 178. — Action de battre, frapper.
Bachus, p. 51, 164, 191, 238, 242, 244.
Baïf (Lazare de), p. 2, 42, 261.
Baille, 61. — Donne (v.).
Bailleur, 149. — Qui donne.

BAILLIF, 156. — Bailli.
BANCELIN, p. 7.
BANQUER, 260. — Banquier.
BARDE, 226. — Selle. « Saillant de pied sus barde », sautant à pied et à cheval.
BARDI (P. de), p. 48, 245.
BASME, 139, 227. — Baume.
BATAILLANT, bataille, 38, 255. — Se battant, se bat (v.).
BAUGE, 257. — Contenance.
BAUGÉ, p. 48.
BAULARD (Pierre), p. 251.
BAULT, 46. — Beau.
BAVEROLLE, 109. — Collerette en forme de bavette.
BAVERYE, 191. — Bavardage.
BAYARD, p. 52, 249.
BEAUCOP, 265. — Beaucoup.
BEAUFORT, p. 12, 54.
BEAULIEU (abbaye de), p. 53, 235.
BEAULNE (Jacques de), p. 52.
BEAU-semblant, 179. — Apparence.
BEGNIN, 284. — Bénin, bienveillant.
BEILLE, 186. — Baille, ou cour intérieure d'une enceinte fortifiée ; ici ventre, panse.
BELLEMENT, 212. — Très beau, très bien.
BELLAY (Joachim du), p. 2, 40, 75.
— (Guillaume du). — Voyez Langey.
BENOY (Guyon de), p. 260.
BERLAN, 244. — Jeu de brelan ; au fig. mauvais jeu.
BERNARD (Jean), p. 252.
BERNAY (Jacques de), p. 47, 251.
BERNÉ (Jean de), p. 47.
BERTHE, p. 5.
BESANS, 46. — Monnaie ; employé ici dans le sens de boutons de parure.
BESONGNÉ, 237. — Qui est dans le besoin, la gêne.
BESSE, 17. — Baisse.
BESTELETTES, 84. — Petites bêtes.
BEU, beut, 48, 298. — Bu, but (verbe).
BEUVEURS, 186. — Buveurs.
BIGAME, 139. — Bigamie.

Bigare (se), 125. — Se fait hypocrite.
Bis, 90. — De couleur gris-brun.
Blandir, blandis, 46, 105. — Flatter, flatte.
Blasons, 169. — Pièce de poésie laudative du xve et du xvie siècle appelée « dit » au moyen âge.
Bleçeure, 152. — Blessure.
Blois, p. 133.
Bodin (J.-F.), p. 5.
Bodine, 282. — Vessie de cochon que les enfants s'amusent à gonfler d'air. Dans le Maine et l'Anjou on dit encore « boudine », ou « bouzine ».
Boileau, p. 73.
Bois (du), p. 124.
Bonboulogne, p. 71.
Bon d'aller, 126. — Expédier.
Boniface (Jean), p. 39, 65, 251.
Bordeau, 280. — Maison de prostitution.
Borréas, Borée, Borrée, p. 71, 119.
Bort (oultre), 281. — Outre mesure, extraordinairement.
Bouchet (Jean), p. 1, 2, 3, 9, 14, 21, 24, 26, 30, 31, 32, 33, 73. (Épîtres de Colin à), 270 à 284.
Bourdigné (Charles de), p. 2, 5, 24.
— (Jean de), p. 42.
Bourgeois (Françoyse), p. 111, 112, 116, 122, 131, 150. (Voir Françoyse ?)
Bourgeois d'Angers (confrérie des), p. 12, 21.
Bourgoygnon, Bourgoinon (Philippe), p. 43, 173, 193, 197.
Bourgueil, p. 180.
Bourreau (Pierre), p. 5.
Bouteillier, 248. — Ami de la bouteille.
Bouter, 231, 261. — Mettre, placer.
Boutin (Jean), p. 246.
Boyau, 230. — Estomac.
Boyture, *prologue*. — Boisson, action de boire.
Bracier, 109. — Bracelet.
Bragarde, 226. — Marot emploie le mot « brague » pour vie joyeuse, et le mot « bragues » pour divertissement en amour. Il semble que Colin désigne ici une fille de joie.
Brahier (Hardouin). — Voir Brehier.
Brandie, 158. — Suspendue, prête à tomber.

Bransle, 230. — Roulis et tangage.
Brantome, p. 54.
Brase, 55. — Braise.
Brasser, 298. — Faire vite un travail ; verbe encore usité en Anjou.
Bray, 274. — Boue, fange.
Brehier (Hardouin), p. 5, 22, 23, 41, 167, 203.
— (Anne), p. 23.
Breilrond ou Breront (Jean de), p. 45, 167.
Breste, 184. — Se demène (v.).
Bridé (c'est jeu), 132. — Le jeu est fini ; au fig. c'est décidé.
Brief, 79, 298. — Bref, brièvement.
Brodes, 257, 278, 298. — Bis, mulâtres, arabes.
Brosses (des), p. 43, 124.
Brouillez son tainct, 37. — Défigurez.
Bruneau de Tartifume (Jacques), p. 5, 23, 124.
Bruyne (se), 90. — Se trouble.
Bruyt, 298. — Le bruit en court.
Budé (Guillaume), p. 273.
Bucher (Germain Colin Ier), p. 8, 9, 14. — Voir Colin.
Burgensis, p. 246.
Buscher (Leger), p. 13.
Buse, 298. — Canal, conduit d'eau.
Busse, 81. — Tonneau de vin. (Encore usité en Anjou.)

C

Cadiot (Guillaume), p. 4, 48, 254.
Cahors, p. 264.
Calliopé, p. 24, 272.
Caraques, 130. — Très grands navires.
Carcans, 46. — Colliers.
Carcas, 44, 109, 128. — Carquois.
Carithes, 197, 199. — Nom des Trois Grâces.
Carmes, 46. — Vers.
Carte virade, 85. — Nom de la carte retournée au jeu du vingt-quatre ; métaphore semblant indiquer que le mal qui a fait carte-virade, s'est retourné, s'en est allé.

CASTEL (le chevalier), p. 233, 271, 274.
CAULT, 38, 210. — Rusé.
CAUTELLE, cotelle, 78. — Habillement de femme.
CAUTELLE, 38, 54, 113, 222. — Ruse, finesse. (Employé dans ce sens par Cl. Marot.)
CAVE, 15. — Creuse (v.).
CECILLE, 281, 298. — Sicile.
CEINCT, 71. — Entouré.
CELER, celle, celée, 64, 97, 201. — Cacher, cache, cachée (v.).
CERCHANT, cerchans, cerchoit, cerches, cerche, cerchez, prologue, 5, 16, 17, 20, 21, 30, 96, 108, 124, 199, 215, 217, 219, 238, 269, 290. 298. — Cherchant, cherchait, cherches, cherche, cherchez (v.).
CERISAY (Guillaume de), p. 10.
CESTUY-LA, 27. — Celui-là.
CHALENGER, 108, 147. — Revendiquer ; faire sien.
CHALEUREUSE, 145. — Brûlante (au propre et au figuré).
CHAMBÉRY, p. 21, 185.
CHAMPION (Jean), p. 49, 236.
CHAMPRENAIS, p. 12.
CHANGE, 52, 211. — Échange (subst.).
CHANTOCÉ, p: 60.
CHANU, 219. — Qui a les cheveux blancs.
CHANVANAYS, p. 12.
CHANZEAU, 278. — Champ. Le nom latin du village de Chanzeaux (Maine-et-Loire), au xie siècle, *cancellis*, *concellis*, indique un lieu fermé d'une enceinte de barreaux ou de pierre (C. Port, *Diction.*, I, p. 610).
CHAPEL, 109. — Chapeau, couronne.
CHARBONNIER (Jean), p. 22.
CHARDAVOINE (Jean), p. 54.
CHARTIER (Alain), p. 5.
CHARTRES, p. 11.
CHASTELAIN (Georges), p. 27, 68, 271, 274.
CHASTEAUBRIAND (Nicolas de), p. 64, 248.
CHAULT, 135. — Chaud' (adj.).
CHAULT (t'en), chault-il ? 9, 46, 90, 199. — De l'ancien verbe challoir, se mettre en peine, s'inquiéter, d'où nonchaloir (v° plus loin) et nonchalance.
CHEF à chef, prologue. — D'un bout à l'autre.

CHERE (bonne), 182. — Bon visage (ce n'est que par extension que bonne chère a depuis signifié bon repas).

CHERRAY (je), il chet, il chiet, il chut, 199, 210, 215, 216, 243. — Je tomberai, il tombe, il tomba.

CHESNETTES, 109. — Chaînettes.

CHIFFREUR, 237. — Celui qui dérobe en cachette, et que les écoliers nomment « chippeur » aujourd'hui.

CHINON, p. 246.

CHOTARD (Pierre), p. 44.

CHYPRE, p. 97.

CICERON, p. 89.

CIGONGNE, 56. — Cigogne.

CIL, 21, 22, 27, 38, 107, 115, 136, 186, 191, 204, 219, 233, 298. — Celui.

CITRES, 182. — Cythares. A peut-être ici le sens de cidre, car les paysans angevins disent encore « du citre ».

CLAME, 139, 213. — Appelle.

CLAMOUR, 132, 141. — Bruit, clameur.

CLERC, 180. — Savant.

CLER, clere, clerement, 22, 56, 73, 79, 151, 155, 156, 178, 230, 239, 255, 257, 298. — Clair, brillant, transparent, célèbre, clairement.

CLERGESSE, 147. — Savante.

CLOPINEL. Voir Jean de Meung.

CLYMÈNE, p. 177.

COINCTE, 5. — Parée.

COLERÉE, 59. — En colère.

COLÉRIQUE, 221. — Colère (adj.).

COLIN (Germain Ier), p. 8, 9, 10, 13, 14.
— (Germain II), le poète. Voir toute l'Introduction.
— (René), p. 10, 11, 63, 240.
— (Hardouin), p. 11.
— (Jeanne), p. 11.
— (Charles), p. 12.
— (Jean), p. 12.
— (Pierre), p. 12.
— (Raymond), p. 12.
— (Pierre), p. 12.
— (Jacques), p. 13, 34.
— (Caherine), p. 13, 64, 256.

Colin (Élisabeth), p. 44.
— (Isabeau), p. 44.
Colin de la Nouë (François), p. 11, 12.
Colle, 25. — Colère.
Colletterie (La), p. 12.
Colloqué, 248. — Placé (v.).
Commère, 142, 144, 182. — Amie, compagne.
Comparoir, 79. — Comparaître.
Compensée, 35. — Récompensée.
Complaint (se), je me complains, 84, 257. — Se plaint, je me plains (v.).
Complaire, 217. — Plaire.
Compte, 193. — Conte.
Confort, 97, 246. — Secours, aide.
Conforte, 278. — Réconforte.
Congé, 251. — Permission.
Conjouissant, 41. — Jouissant.
Conquerre, conquesta, 243, 267, 269, 298. — Conquérir, conquit.
Consentir, 124. — Consentement.
Contendre, 197. — Lutter avec.
Contenement, 27, 228. — Maintien.
Contenter, 236. — Contentement.
Contregarde (se), 226. — Se mettre en garde contre.
Convers, 121. — Faux.
Convives, 157. — Festins de fêtes.
Convoye, 201. — Escorte.
Cop, 152. — Coup.
Coq en l'asne, 210. — Espèce de poésie. (Voir Goujet, *Bibl. fr.*, tome XII, p. 97.)
Coquillart (Guillaume), p. 263.
Cor (et à cry et à), 151. — A cor et à cri.
Coulpe, 178, 191. — Faute.
Courbefosse (J. de), p. 43.
Coursaires, 257, 298. — Corsaires.
Court, 44, 162, 218, 291. — Cour.
Courtoysir, 64. — Courtoisie étant employé, au XVIe siècle, dans le sens de cadeau, ce verbe signifie probablement faire un présent ; il ne paraît pas avoir été usité par d'autres écrivains.

Cousté, 129. — Côté.
Coy (tout), 2. — Tout tranquillement.
Crato, p. 179.
Crésus, p. 277.
Crétin (Guillaume du Bois), p. 225, 263, 277.
Crevecueurs, 138. — Crève-cœur.
Cristallin, 257. — De cristal.
Cruciable, 44. — Qui fait souffrir les tourments de la croix.
Cueur, 82, 83, 138, 146, 159, 275, etc. — Cœur.
Culteur, 298. — Qui cultive.
Cupido, Cupidon, p. 16, 37, 71, 84, 89, 96, 100, 105, 118, 120, 129, 142, 143, 146, 149, 156, 157, 207.
Cures, 83, 157. — Soins.
Curialle, 231. — De cour.
Cuyda, cuydant, cuyde, cuyder, 14, 28, 64, 109, 110, 119, 123. — Pensa, pensant, pense, penser.
Cy, 218, 267. — Ici. (Voir Ycy.)

D

Dacier (Mme), p. 129.
Dagoust, p. 12.
Damien, p. 135.
Dampné, 180, 273. — Condamné, damné.
Danes, p. 49. — Voir Dianes.
Dangé, p. 11, 12.
Danys, p. 176. — Voir Dianes.
Daphné, p. 177.
Dard, darde, dartz, me darde, 8, 13, 44, 222, 260. — Un dard, des traits ; me pique comme un dard.
Daumeray, p. 11.
Davant, d'avant, 279, 298. — Dès avant.
Deboutez, 261. — Déplacés.
Debrise, 297. — Mets en morceaux, en débris.
Decepvoir, décevant, se déçoit, tu déçoys, 38, 198. — Tromper, décevoir, décevant, se trompe, tu trompes.

Dechef (le), 90. — La Mort. Le roi René d'Anjou (Œuvres, t. III, p. 107) dit :
>Mes faictz durant ma vie faisoient a louer,
>Et apres mon dechief sont beaux a raconter.

Deffaçonne, 227. — Abat.
Deffault, 160. — Manque, fait défaut.
Deffermée, 70. — Ouverte.
Deffier, 222. — Mettre au défi.
Deffine (je), 7, 98. — Je meurs, je vais à ma fin.
Delivre (à), 65. — En liberté.
Demaine, 225. — Demène.
Demeure (sans), 240. — Sans retard.
Democrite, p. 36, 171.
Depart à (se), 275. — Part vers.
Desapoincte, 5. — Cause un désappointement.
Desarrenge, 132. — Dérange.
Desclose, 107, 184. — Ouverte.
Descochant, 247. — Décochant.
Desconfort, 246, 263. — Opposé à confort.
Desconseille, 89. — Déconseille.
Descoulpe, 191. — Enlève son péché.
Desduyt, desduict, 21, 30, 135, 141, 199. — Plaisir.
Desgoute (je me), 230. — J'éprouve du dégoût.
Désiré désir, 231. — Répétition donnant plus de force à la pensée, comme « sauroit-on jamais savoir » employé ailleurs par Germain Colin.
Desnaturelle, 124, 201. — Dénaturée.
Despecher, 238. — Envoyer.
Despit, 221. — Colère.
Desplaisance, 231, 233 bis. — Déplaisir.
Desrathe toy, 148. — Décharge ta rate et te divertis. Dans l'ancienne physiologie la rate était considérée comme le siège de la bile et de l'humeur noire.
Destrousse, 60. — Dépouille.
Destroys, 99. — Embarras.
Desusoient, 87. — Oubliaient, perdaient l'usage de...
Desvoye (se), 5, 46, 201, 255. — Écarte, s'éloigne.
Deu, 237. — Dû.
Devie, 154. — Met hors la vie.
Devis, 215. — Division.

Devise de Germain Colin, 4, 72, 141, 275, 284.
Devyn. Voir Le Devyn.
Dextre, 164. — Droite.
Dianes, p. 49, 97, 98, 108, 149, 176, 179.
Diettement, 182. — Chichement.
Dint, 186. — Doigt.
Discentions, 211. — Dissensions.
Discords, 209. — Discordes.
Discret, 259. — Qui a de la discrétion ; terme honorifique donné autrefois aux prêtres.
Divis, 298. — Devis.
Dizains, 174, 175, 176.
Doint, 62, 285. — Donne (v.).
Dolente, 5, 9, 35, 271. — Souffrante.
Doloit, 248. — Vidait, comme le rabot vide le bois et l'aplanit.
Doloreux, 83. — Douloureux.
Doncques, 172. — Donc.
Donroit, doint, dont, donrais, donrez, donront, 79, 86, 101, 187, 201. — Donnerait, donne, donnerais, donnerez, donneront (v.).
Dont, 73, 162, 176, 239. — D'où.
Dorent (se), 92. — S'enrichissent.
Dosdefer (Guillemine), p. 250.
Dosne, 212. — Dame (dona).
Doulcettes, 98. — Très douces.
Doulcir, 139. — Adoucir.
Douloir, 71, 120. — Éprouver du chagrin, un deuil, souffrir.
Droictement, 30. — Tout droit.
Droicturiere, 79. — Qui a le jugement droit.
Drusac (de), p. 93.
Dubreil (Marie), p. 11.
— (Jean), p. 11.
— (Jeanne), p. 11.
— (Vincent), p. 11.
Dueil, prologue, 2, 4, 5, 26, 43, 50, 67, 107, 108, 116, 126, 132, 136, 139, 140, 147, 176, 185, 191, 199, 216, 221, 266, 271, 278.
— Souffrance, peine, douleur.
Duictz, duicte, 38, 298. — Convenables.
Durtal, p. 43.

E

EBURNÉE, 180. — D'ivoire.
EFFICACE, 18, 178, 196, 205, 239. — (Substantif.) D'une manière efficace, efficacité.
EFFRETIERE (l'), p. 44.
EMBLÉ, 124. — Dérobé, volé.
EMBRUNIST, 83. — Assombrit, obscurcit.
EMBUCHÉE, 205. — Embusquée.
EMERY, 206. — Chagrin.
EMPESCHER, 238. — Prendre, saisir, importuner.
EMPIRE (j'en), 192. — J'aille plus mal.
EMPRÈS toy, 59. — Après toi.
EMPRINSE, emprise, empris, 119, 215, 252. — Entreprise, entrepris.
ENCHERE (de telle), 44. — De si haut prix.
ENCLINE à (s'), 38, 298. — S'incline devant, est porté à.
ENCLOS, enclose, 242, 285. — Enfermé, enfermée ; opposé à déclos.
ENCOMBRE, 87, 298. — Charge (subst.).
ENCONTRE, 221. — Contre.
ENCONTRE (male), 243. — Malechance.
ENCUSE, 120. — Accuse, trahit.
ENFONDU, 189. — Enfoui.
ENGIN, 83. — Esprit.
ENGOUSSE, 282. — Engraisse.
ENQUERREZ, enqueste, enquist, 70, 124, 210. — Demandez, demande (v.), s'enquit.
ENRAIGEZ, 233 bis. — Enragés.
ENSEMBLEMENT, 96. — Ensemble. (Encore usité en Anjou.)
ENSERRE, 30. — S'enferme.
ENTAME (j'), 87. — J'entreprends.
ENTÉE, 40. — Greffée.
ENTENDRE, 221. — Intelligence.
ENTOISE, 28. — Tend son arc.
ENTORS, 285. — Entortillé.

ENTOUR, à l'entour, 145, 269, 276. — Autour ou à l'entour (indifféremment pour les deux termes).
ENTRAPE, 137. — Entravé, tombé dans un piège.
ENUQUES, 183. — Eunuques.
ENVESTY, 298. — Investi.
EOLUS, Eole, p. 131.
EPISTOLLASTRE, 298. — Petite épître.
ERASME, p. 273.
ERATO, p. 24.
ERRE, 289. — Se trompe.
ES, prologue, 71. — Dans les, des.
ESBAHIS (je m'), esbahy, esbahye, esbaïssant, esbahyst, 3, 41, 44, 62, 189, 297. — Je m'étonne, étonné, étonnant, s'étonna.
ESBANOYOIT (s'), 68. — Se baignait.
ESBAT (ferons), esbatez-vous, esbattement, 60, 135, 149, 159, 182, 234. — Nous nous ébattrons, prenez vos ébats ; ébats (subst.).
ESBAYST. — Voir Esbahis.
ESBLOYE, 40. — Éblouit.
ESCHAC, 113. — Échec, prise.
ESCLARCY, 40, 43. — Éclairci, poli.
ESCLAU, esclaux, 228, 231, 298. — Esclave.
ESCLERE, 155. — Éclaire.
ESCONDIS, 89. — Éconduits.
ESCOUTANT, 78. — « Il servira d'ung escoutant » : écouter a sans doute ici le sens d'attendre, sens qu'on lui donne encore dans quelques provinces voisines de l'Anjou.
ESGAU, 278. — Égal.
ESJOUIT (s'), 245. — Se réjouit.
ESLATION, 298. — Orgueil.
ESLEUE, 37, 67, 179, 298. — Distinguée.
ESLONGNE, 135. — Éloignement.
ESMERVEILLEE, 67. — Étonnée.
ESMOY, 90, 131, 138, 189, 232, 257, 290, 298. — Inquiétude.
ESMOYER (s'), s'en esmoye, 17, 76, 278. — S'inquiéter, s'en inquiète. (Encore en usage en Anjou.)
ESPAGNE, p. 282.
ESPANCHE (s'), 61. — S'épanche.
ESPAND, espandu, 76, 84, 237. — Répand, répandu.
ESPART, 160. — Éclaire, répand.

ESPARGNEMAILLE, 262. — Tirelire. De maille, la plus petite des monnaies, valant si peu qu'au xviie siècle elle n'était plus qu'une monnaie de compte, estimée la moitié du denier tournois, ou la vingt-quatrième partie du sou tournois! — Au figuré, l'espargnemaille était l'économe des pauvres.

ESPÉCIAL, espéciaux, espéciaulté, prologue, 2, 25, 290. — Particulier, spécial, estime singulière.

ESPÉRANT manière, 137. — Sorte d'espoir.

ESPESE, 274. — Serrée, forte, drue.

ESPESSIR, 142. — Augmenter.

ESPIEU, 38. — Épieu.

ESPIEZ, 293. — Épiez, observez.

ESPRENDRE, esprise, 1, 15, 200. — Éprendre, brûler, incendier, éprise.

ESPROUVE, 79. — Épreuve.

ESPURÉE, prologue. — Pure.

ESSE, 124, 149. — Est-ce?

ESSORANTE, 298. — Volant, prenant son essor pour voler.

ESTAINGNEZ, estaignez, 54, 240. — Éteignez.

ESTALLE, 191. — Étale.

ESTAU (tiennent), 278. — Tiennent ferme, demeurent obstinés.

ESTENDU, 244. — Mort

ESTIAU (Bernard d'), p. 252.

ESTINCELLE, 22, 44, 192. — Brûle (v.), lumière (subst.).

ESTOUR, 80, 287. — Détour, lutte, tournoi.

ESTRAGNER, 195. — Contraindre, rançonner.

ESTRAINES, 61, 62. — Étrennes.

ESTRANGE, 234. — Étrange, étranger.

ESTRANGEMENT, 162. — Aliénation mentale.

ESTRANGER, 145. — Oter.

ESTRECIE, 257. — Rétrécie.

ESTRIVE, 255. — Dispute.

ESTUDIE, 257. — Étude, soin.

ESTUY, 235. — Étui.

ETHIOPE, Ethiopie, p. 175.

ETRICHÉ, p. 11.

EUROPE, p. 108, 133.

EVIDENTEMENT, 159. — Évidemment.

EXCEDA, 247. — Excelle sur.

EXULANTES, 298. — Exilées.

F

Faifeu (Pierre), p. 54.
Faillut, 211. — Faillit.
Fainct, 234. — Feint.
Fanis, fannisse, 190, 233 *bis*. — Fanés, se fane.
Farouche (s'en), 298. — S'en effarouche.
Farse, 144. — Farce, mets farci.
Fataulx, 50. — Destins.
Fauldra, fault, se fault, faille, faux, faillut, failloit, 62, 171, 177, 188, 191, 211, 257, 260, 262, 297. — Verbe falloir, il faudra, il faut, qu'il faille, il fallut, il fallait ; il manque.
Faveur, favorez, 175, 298. — En faveur, favorisés.
Fay (Barthélemy du), p. 53, 62, 239.
— (Baudouin du), 42, 98, 192.
Faydit, p. 263.
Féable, 9. — Fidèle.
Feirent, feis, feist, 43, 178, 211, 245, 268, 279, 285. — Ils firent, il fit, il fait.
Férir, 250. — Frapper.
Fiance, 104. — Confiance.
Fiere, fiert, 27, 36. — Qu'il soit audacieux ; il commande.
Fiet, 298. — Règne.
Finablement, 76, 83, 145, 298. — Finalement.
Fine, 90. — Prend fin. (Voir Deffine.)
Flagitieux, 165. — Infame.
Flammeaux, 21, 24, 71, 72, 73, 278. — Flammes, flambeau de Cupidon.
Flat, 71, 298. — Bruit.
Florette, floriture, 11, 117, 216. — Petite fleur, fleurette.
Floronne, flory, 7, 211. — Fleuri, fleurit.
Flours, 74, 159. — Fleurs.
Fol, fou, foul, 50, 169, 245. — Fou.
Foliot (Jean), p. 48, 245.
Foncières, 265. — De fond, creuses.
Fons, prologue, 21. — Fontaine.
Forclose, 46. — Exclue (Marot dit forclus).
Forfaicture, 222. — Forfait.

Forgeurs, 180. — Forgerons.
Fors, 40, 76, 78, 79, 136, 140, 158, 174, 191, 194, 204, 217, 234, 236, 239, 241. — Hors, hormis.
Forvoye (se), 46, 201. — Se détourne, se fourvoye.
Fougeré, p. 255.
Fouir, fouyr, 152, 205. — Fuir.
Foul, 245. — Fou. (Voir fol.)
Foulée, 80. — Rapetissée, écrasée.
Foulques-Nerra, p. 21.
Fournist, 135. — Réalise.
Fourrageant, 28. — Ravageant, pillant.
Fourrée, 128. — Enveloppée de fourrures.
Fousse, 282. — Fosse.
Fracture, 217. — Faute, perte de virginité.
François de Sales (S.), p. 67.
Francoÿs, p. 140.
Francoyse, p. 19, 110, 124, 172, 195, 200.
Franscin, 199, 202. — Françoise.
Fray, 274. — Tapage, bruit.
Froidisseur, 139. — Refroidissement.
Froidure, 22, 71, 158. — Froid.
Fruytaige, 248. — Fruits.
Fulcy, fulsie, 11, 43, 298. — Pourvu, douée.
Fulgente, 73, 180. — Couverte ; splendide.
Fumé, 193. — Fâché.
Funéral, 252. — Funèbre.
Furt, 242. — Vol, rapine.
Fustes, 298. — Sorte de galères (xvie siècle) qui n'avaient que deux rames par banc au lieu de trois.
Fy, 208. — Fi !

G

Gabriel (ange), p. 213.
Gaillarde (Jeanne), p. 224.
Gallicque, 21, 298. — Français, gaulois.
Galonnière (la), p. 47, 257.
Game, 139. — Signe.

Gangnera, 140. — Gagnera. (Encore usité en Anjou sous cette forme du radical.)

Garde, 226. — Motif de crainte.

Garison, 79. — Guérison.

Garou, 145. — Loup-garou.

Garrot, 221. — Fouet; trait d'arbalète, d'après le poète Régnier.

Garse, 144. — Féminin de garçon, jeune fille. (En Anjou les garçons sont encore appelés gars, — prononcez gas, — en bonne et en mauvaise part.)

Garsonneau, 257. — Petit garçon.

Gauchir, 298. — Se détourner de la voie droite.

Gaulos, p. 279.

Gault (Jean du), p. 49, 258.

Gectans, gecte, 20, 40. — Jetant, jette (v.).

Gemmes, 139, 180. — Pierres précieuses.

Génial, 133. — D'origine, de naissance. (Ce mot n'avait aucunement la signification qu'une nouvelle école lui donne aujourd'hui, en le faisant dériver de génie.)

Géniture, 96, 239. — Mariage; genre.

Gente (subst.), 298 (adj.), 5, 73, 213. — Maison, famille; gentille.

Georges (maître). Voir Chastelain.

Gésir, 5, 224, 231, 241, 265. — Coucher, être tombé.

Godefer (Guillemine), p. 47, 250.

Goujet (l'abbé), p. 1, 3, 5, 27.

Gourde (main), 298. — Rendue inerte par le froid. (Expression très commune encore en Anjou.)

Gourmé, 244. — Gonflé.

Goury, p. 71.

Gozzo, p. 279.

Graces (les Trois), p, 86, 179, 199.

Grace, 1, 5, 12, 53, 57, 59, 79, 81, 87, 107, 108, 119, 130, 131, 145, 151, 156, 157, 167, 169, 175, 184, 191, 196, 197, 199, 204, 205, 212, 214, 216, 217, 218, 219, 220, 222, 224, 225, 244, 247, 263, 270, 273, 277, 278, 279, 283, 287, 288, 296, 298.
— C'est le mot le plus souvent employé dans ses diverses significations, par Germain Colin, qui en donne lui-même les définitions à la pièce portant le n° LIII.

Grandiere (de la), p. 47.

Grandin (François), p. 44.

Granville (de), p. 38, 192.
Gré (prenne en), 139, 298. — Ait pour agréable.
Grégail, 87. — Troupeau.
Grégoyse hystoire, 21, 229. — Feu grégeois. (Au fig. diabolique.)
Grent, 257. — Gent, nation.
Grethuse, p. 284.
Grevable, 44. — Qui blesse.
Grevance, 71. — Malheur.
Grèveray, 145. — Blesserai, harcèlerai.
Grief, prologue, 67, 98, 133, 136, 137, 138, 145, 222, 233 *bis*, 251, 256, 298.
Guarison, 250. — Guérison.
Guerdon, 11, 108. — Récompense.
Guerroye, 45, 255. — Combat.
Guide (sa), 297. — Son guide.
Guillaume, p. 264.
Guisarmes, 8. — Jusarme, bâton à long fer et long fût, tranchant, long, recourbé, et d'une pointe droite d'estoc.
Guise (comte de), p. 53, 235.
Guygnoient, 113. — Regardaient.
Guyvreau, p. 25, 272.
Gylon, p, 16 à 19, 35, 58, 61, 68, 69, 70, 78 à 88, 90 à 100, 102 à 107, 109, 110, 111, 113 à 120, 122, 123, 125, 127, 128, 130, 131, 132, 134, 135, 136, 141, 143, 148, 149, 151, 156, 157, 159, 166, 168, 172, 173, 174, 177, 191, 194, 195, 200, 204, 206, 208, 232, 241, 256.
Gyrofles, 88. — Gyroflées.

H

Ha has, 78, 79, 180, 207, 247, 274. — A, as (du verbe avoir).
Habitacle, 259. — Habitation.
Ha hy ! 44. — Exclamation de douleur.
Haim, 205. — Hameçon.
Hanter, 135. — User, fréquenter.
Hard, 195. — Corde.
Hélas ! 63. — Employé substantivement.

Hélène (la belle), p. 78.
Heraclite, p. 36, 171.
Hesperides, p. 170.
Heur, bon heur, 2, 137, 220, 234, 285. — Bonheur.
Heure (d'), 198. — Immédiatement.
Hippocrène (fontaine d'), p. 77.
Homedeus, p. 266.
Homère, p. 22, 73, 277.
Homs, 272. — Hommes.
Horace, p. 66.
Hurault (Philippe), p. 180.
Housseau (Dom), p. 269.
Houssue, 71. — Touffue.
Hugo (Victor), p. 56.
Hyacinthe, p. 69, 85.
Hymèthe (le mont), p. 71, 84.

I

Immurmurant, 298. — Murmurant sur.
Impère, 298. — Commande.
Impitéable, impiteuse, impitié, 9, 32, 33, 82. — Impitoyable, sans pitié,
Implique, 221. — Embarrasse.
Improspère, 16. — Malheureuse.
Incensée 145. — Incendiée, embrasée.
Inclinée, 217. — Portée à.
Inclites, 197. — Célèbres.
Incoulpable, 191. — Impeccable.
Indes (les), p. 175.
Indispos, 285. — Mal disposé.
Indye. Voir Indes.
Infonde, 298. — Inculque.
Intémérée, 108. — Pure, sans taches.
Invader, 298. — Envahir.
Invigilant, 252. — Sans vigilance.
Irrites, 47, 298. — Irritées.
Isle-Adam (Philippe de Villiers de l'), p. 3, 21, 25, 38, 46, 176, 279.

Isnelle, 189. — Légère.
Italie, p 282.
Ivrogne, p. 51.

J

Jà, 103, 137, 200, 214, 216, 219, 237, 278, 298. — Déjà ; ien que.
Jaçoit, 5, 298. — Bien que.
Jacques (M⁰), p. 198.
Jacture, 185, 298. — Perte.
Jaile (de la), p. 43, 200.
Jaleux, 82, 235. — Jaloux.
Jallais, p. 47.
Jamet (Lyon), p. 29, 183, 184, 261.
Jannet, p. 76.
Jardrins, 146. — Jardins.
Jau (du), 42, 98, 192.
Jaulne, 224. — Pièce d'or, jaunet.
Jean de Meung, p. 5, 74, 271.
Jean de Paris, p. 90.
Jouvencelle, 201. — Jeune fille.
Joyau, 230. — La nature de la femme.
Judicature, 197. — Jugement.
Jugesse, 79, 132. — Féminin de juge.
Juigné (M. de), p. 42, 45, 109, 168.
Juno, Junon, p. 19, 86, 97, 136, 179, 208, 228.
Jupiter, 96, 100, 103, 108, 132, 179.
Jus (rué), 246. — (Voir Rué.)

L

Labeure, labour, 26, 80, 122, 132, 240. — Labeur, travail (subst.) je travaille (v.).
La Bruyère, p. 41.
Lac, 113. — Lacet.
Ladenger. Voir Laidenger.

Lacroix du Maine, p. 1, 2, 3, 5, 21.
La Flèche, p. 48.
La Fontaine, p. 56.
Laidenger, ladenger, 108, 145. — Outrager.
Laiz, 46. — Lais, sorte de romance exprimant les sentiments d'un amant pour sa maîtresse, les tourments de son cœur.
La Marche, p. 53.
Lame, 139. — Épée ; (au fig.) la mort.
La Monnoye, p. 1, 5, 21, 30.
Langey (Martin de Bellay de), p. 265, 266.
Languette, 298. — Langue.
Larmoye, 240, 278. — Je pleure, je verse des larmes.
Las, 137, 142, 166. — Hélas !
Lasnier (Guillaume), p. 44.
Lassus, 135. — Là-haut.
Latz, 38. — Lacs, lacets.
Lautoier, 126. — L'autre hier (?), avant-hier.
Laval (Jeanne de), p. 23.
Laval (ville), p. 244.
Lavellone, p. 282.
Layrez-vous, 99. — Laisserez-vous.
Le, lee, 80, 279. — Large (« En long et le », en long et en large).
Le Bret, p. 42, 190.
Le Comte (Marguerite), p. 192.
Lede, Leda, p. 49, 108, 133.
Le Devvn (Antoine), p. 43, 44, 89, 95, 97, 110, 116, 124, 184, 195, 197.
— (Jean), p. 43, 44.
— (Marie), p. 44.
— (René), p. 44.
Le Fevre (Anne), p. 129.
Le Gay, p. 51, 249.
Le Loyer (Pierre), p. 2.
Le Maczon (Thibault), p. 48, 244.
Le Maire de Belges, p. 5, 34, 74
Le Mal (Perrine), p. 44.
— (Guillaume), p. 44.
Le Masle (Jean), p. 2.
Lenglet du Fresnoy, p. 3, 262.
Lens (de), p. 259.
Lermettes, 84. — Petites larmes.

Le Roi (Pierre), p. 11.
— (Jean), 255.
Le Roux (Jehan), 255.
Lesse, 137, 199. — Liesse, joie.
Lieve (se), 40. — Se lève (v.).
Ligaire (la), 19.
Lion-d'Angers, p. 60.
Locher, Lochier (Jacques), p. 21, 22, 277.
Lofficial, p. 45.
Logicques, 162. — Traités de philosophie.
Longes et vervelles, 192. — Laisses, attaches des oiseaux de proie, pour la chasse au faucon.
Longué, p. 88.
Longuette, 298. — Longue.
Lopin, 282. — Bon morceau. (On dit encore « aimer le lopin ».)
Loriot (Pierre), p. 47, 65, 257.
Los, loz, 11, 35. 46, 73, 191, 214, 227, 237, 252, 285, 288, 298. Gloire, honneur.
Louresse-Rochemenier, p. 88.
Louys (S.), p. 281.
Luce, p. 19, 110.
Lucien, p. 244.
Luminaire, 178. — Lumière.
Luyre, luysans, 160, 245. — Briller, brillants.
Lyon, p. 90.

M

Macé, p. 21, 22, 277.
Magistres, 298. — Maîtres.
Magnanitude, 298. — Grandeur.
Maillé (Jacques de), p. 47.
Main, 40. — Matin.
Mainct, maincte, 237, 255, 285. — Maint, mainte.
Maist, 87. — Triste.
Malebouche, 201. — Médisance.
Malesfousse (Jean), p, 256.
Malheurée, malheureté, 218, 257. — Malheureuse, malheur.

Malle, 163, 211, 280. — Mauvaise (« Malles meurs », mauvaises mœurs).
Mallepaye, p. 255.
Malte, p. 21, 32, 38, 39, 55, 65, 176, 243, 279.
Mamelutz, 257. — Mamelucks.
Mancy (de), p. 45, 167.
Mandon (de), p. 14, 42, 189.
Manoasque (Manosque, près Forcalquier), p. 174.
Manuscrits des poésies de Germain Colin, p. 4, 5.
Maq......, p. 209.
Marmontel, p. 76.
Maro (Virgile), p. 292.
Marot (Clément), p. 3, 4, 6, 21, 28, 29, 30, 31, 32, 33, 41, 52, 55, 56, 57, 68, 70, 72, 73, 74, 75, 124, 183, 184, 261, 264.
Marot (Jean), p. 5.
Marririez, se marrist, méry, 115, 126, 298. — Temps du verbe « marrir, » être contristé.
Mars, Mavors (le dieu), p. 38, 101, 127, 179, 265.
Martin Franc, p. 74.
Martirer, 107. — Martyriser.
Mat, 8, 87, 200. — Abattu.
Mathault (de), p. 13, 126.
Mau, 275, 278. — Le mal.
Maucourtoyse (Francoise), p. 179, 199.
Maugin (Jean), p. 2.
Maulgré, 138, 194, 201, 240, 244, 257. — Malgré.
Maures, p. 298.
Mavors, le dieu Mars, p. 38, 101, 127, 179.
May, 176, 232. — Mai. (« Donner le mai » faire un cadeau.)
Mécanique, 298. — D'artisan.
Médecine, médecins, médicine, médicins, 39, 49, 246.
Méduse, p. 179, 191, 232.
Melin (Jacques), 244.
Mellin de Saint-Gelais, p. 55, 72, 263.
Ménage (Gilles), p. 36, 263. — Menagiana, p. 5, 263.
Ménard (Claude), p. 1, 6, 10, 13, 37, 72.
Mercure, 265, 266, 267.
Mercy, 5, 54, 55, 60, 93, 115, 118, 121, 123, 145, 151, 155, 178, 233, 240. — Récompense, pitié. (« Sans mercy », sans pitié.)
Méris, 298. — Méritant.
Merveille (Sén.), 89, 186. — Se demande avec étonnement.

Mery, 298. — Marri.
Meschef, meschief, prologue, 206, 298. — Malheur.
Meschinot, p. 5, 271.
Mesmement, 164. — Même.
Meurye, 191. — Murie.
Michel (Jean), p. 2, 48— (Eloi), p. 188.
Mignottes, 226. — Mignonnes, caressantes.
Minerve, p. 277.
Mirable, myrable, 22, 132. — Admirable.
Mire, mirer, myrées, 40, 185, 191. —Regarde, regarder, regardées.
Misericords, 145. — Miséricorde.
Mitiguer, 43. — Apaiser, mitiger.
Molières, p. 115.
Molle, 257. — Moule, matrice.
Momus, p. 267.
Monilles, 46. — Bracelets.
Montaigne, p. 66.
Montbron (de), p. 88.
Mores, 298. — Maures.
Moriginée, 207. — Qui a de bonnes mœurs.
Morra, 297. — Mourra.
Mors, 218. — Morts.
Moulinet (J. du), p. 5.
Moult, 56, 87, 264. — Beaucoup, très.
Moyeul, 130. — Jaune d'œuf.
Moysant (Renée), p. 44.
Muce, 113. — Cachette, lieu secret.
Mue, mué, muer, muoit, 11, 210, 231, 239. — Change, changé, changer, changeait.
Mugir (le), 105. — Mugissement.
Murger (Henri), p. 72.
Musars, 146. —Musards.
Muses (les), p. 270, 275, 276, 278, 283, 284.
Muséyn, muséynes, 298. — Qui appartient aux Muses ; Musée, aède grec dont l'existence mythique est placée vers le XIIIe ou le XIVe siècle avant Jésus-Christ.
Musicien, p. 48.
Mut, 191. — Muet.
Mutinée, 207. — Révoltée.
Mydy, 260. — Milieu de la vie.
Myrable, 22, 32. — Admirable.

N

Nace, 205. — Une nasse.
Naif, naïfve, naïsve, 9, 51. — Candide, naturelle ; la « naïverie » était une servitude par naissance.
Naige, 51. — Neige.
Narcisse, p. 69, 84.
Nau, 230, 257, 298. — Navire.
Navarre (reine de), p. 54, 57.
Navigage, 298. — Navigation.
Navreures, 199. — Blessures.
Ne, 47, 145, 296, 298. — Ni.
Nenny, 247. — Nenni.
Nérée, Nereus, p. 71, 119.
Ney, 241. — Né.
Nice, p. 3, 21, 38, 175, 270, 275.
Nixie, p. 243, 257.
Nocence, 178. — Culpabilité.
Nompareille, 40, 83, 97, 256, 257, 290. — Incomparable.
Noms de Germain Colin Bucher, p. 8 et suivantes.
Nonchalloir, 120. — Mépriser, négliger.
Notice, 163. — Indication.
Nouvelet, 194. — Nouveau.
Noyse, 122. — Querelle.
Nuaux, 298. — Petits nuages.
Nully, 36, 255. — Personne.
Nuysance, 38, 71. — Tort, dommage ; « faire nuysance », nuire.
Nuytée, 50. — Nuit.
Nymphétes, 183. — Petites nymphes.

O

O (d'), p. 88, 89.
Oblivion, obly, 19, 201. — Oubli.

OBSCENITÉ, p. 55.
OCCIS, occys, 289, 294. — Tué, tu tues.
OCTROY, 142. — Le don.
OEUFS de Pâques, p. 158.
OGYGIE, p. 279.
OHY ! 136. — Exclamation de douleur. (Voir Ahy !)
OLIVIER (Jean), p. 2, 4, 48, 254 ; (son épitaphe), 267.
ONCQ, oncques, 35, 69, 82, 172, 225, 245, 248, 257, 295, 298. — Nul ; jamais.
ONYR, 134. — Honnir.
OPINER, 162. — Avoir avis.
ORATORIENS de Paris, p. 4.
ORÉE, 128. — Bordure, bord.
ORENDROIT, 125, 298. — Maintenant.
ORES, ore, or, 16, 89, 125, 164, 220, 297, 298. — Aujourd'hui.
ORLÉANS (Charles d'), p. 72.
ORNATURE (en), 16. — Avec ornements.
OU, 40. — Au.
OUBLIANCE, 231. — Oubli.
OUDIN (Guillaume), p. 10.
OULTRAIGE, 20, 22. — Excès.
OULTRANCE, 136. — Excès, violence.
OURDYE, 158. — Travaillée.
OUSEROIS, 235. — Oserais.
OUSTER, ouste, 23, 24, 197, 200. — Oter. (Encore usité en Anjou sous la forme « outer ».)
OUTREPASSE, 239 (subst.).
OVIDE, p. 5.

P

PAILLARD, 271.
PALLAS, p. 19, 128, 135, 179, 208, 265.
PALLE, 48. — Pâle.
PALME (ung), 8. — Un palmier.
PALSGRAVE (Jean), p. 75.
PALUZ, 145. — Marais.
PAN, p. 94.

Paour, 104, 132. — Peur.
Papegault, 266. — Perroquet.
Paragonne, 227. — Patronne, modèle.
Pardecza, 219. — Hors de cela.
Pardoint, 244, 260, 276. — Pardonne.
Parenteraie (de la), p. 255.
Parfaict, perfaict, parfaire, parfist, perfacent, 50, 62, 136, 154, 241. — Achevé, réalisé, achever, acheva, qu'ils achèvent.
Paris (le berger), p. 86, 133.
Paris (ville), p. 268.
Parler, parleure, 152, 212. — Manière de parler.
Parques (les), p. 169.
Parsus (au), 269. — Outre, au surplus.
Partement, 138, 139. — Départ.
Pasiphaé, p. 143.
Pasme, pasmer, 5, 35, 139, 210. — Je tombe, tomber en pamoison.
Passim ou Passin (Michel), p. 48, 259.
Patron, patronnée, 156, 207. — Modèle, faite sur patron.
Paul (saint), p. 67.
Peaultres, 191. — Barques, chaloupes.
Pécune, 180, 268. — Argent, fortune.
Pensement, penser, 136, 139, 151, 159, 199, 204. — Pensée, songe, rêverie.
Péon, p. 125.
Per, pers, 139, 204. — Pair, égal, compagnon ; pairs du royaume.
Perceval, p. 48.
Perçoit, 37. — Aperçoit.
Perfacent, perfaict. — Voir Parfaict.
Perfumé, 193. — Parfumé.
Perréal (Jean), p. 90.
Personnière, 137. — Particulière, personnelle.
Pesantement, 36. — D'une manière pesante.
Phelippes. Voir Philippes.
Pherestre, 8. — Flèche. (Le mot « pharetre », qui se trouvait primitivement dans l'épître de Clément Marot à Villon, fut remplacé par sagette, saiette.)
Philippes, Phelippes, p. 172, 182, 184.
Phlégéton, Phlégétonte, p. 59, 169.

Phœbus, p. 15, 69, 77, 85, 102, 131, 176.
Picqueure, 84. — Piqûre.
Piédouault (René de), p. 47, 252.
Piérides, p. 170.
Pillerie, 244. — Pillage.
Pin (Jean du), p. 48, 250.
— (Renée), p. 48, 250.
Pincé (Christophle de), p. 43, 124, 200. — (Pierre de), p. 250.
Pineau, p. 180, 190.
Pions, 186. — Buveurs. (Le mot « pion » existe en ce sens dans le *Mystère de la Passion*, représenté à Angers à la fin du xve siècle, ainsi que dans Rabelais.)
Pipa (Georges), p. 244.
Pirement, 228. — Pire (adv.).
Piteux, 148, 178, 246, 284. — Miséricordieux ; digne de pitié.
Pitié (rendre à), 80.
Pitoiable, 44. — Digne de pitié.
Plaines, 138. — Pleines.
Plaisances, plaisant, 46, 83, 71, 153, 233 *bis*, 257. — Plaisirs ; agréable.
Plendissant, 298. — Resplendissant.
Pleumaire, 47. —
Pleuye, 191, 220. — Excellente. (Marot a employé le verbe « pleuvyr » dans le sens d'exceller.)
Plorant, plorer, plours, 44, 46, 59, 141, 148, 255. — Pleurant, pleurer, pleurs.
Plouvoir, 134. — Pleuvoir.
Pocquet de Livonnière (Claude-Gab.), 1, 5, 6, 7, 72, 259.
Poinct, peint, 9, 170. — Pique (v.).
Poincture, poindre, 50, 152, 222. — Blessure de flèche ; piqûre.
Poise, 40. — Pèse évalué.
Poitiers, p. 30.
Polithe, p. 50, 181, 235.
Pollue, 179. — Souillée.
Pompez, 234. — Faites le magnifique, le pompeux.
Ponnuz, 130. — Pondus. (Mot encore usité aujourd'hui en Anjou.)
Pont (Gratian du), p. 93.
Pors, 158. — Peau, pores de la peau.
Port (Célestin), p. 10, 11, 53, 88, 193, 269.

Posay que, 245. — Étant donné que.

Pose, 230. — Assez longtemps.

Pouldre, pouldrure, 257. — Poudre, terre, poussière.

Pourchas, pourchassant, 30, 129, 189, 225. — Poursuites, poursuivant.

Poure, pouvre, pouvreté, 49, 161, 218, 245, 260, 262, 284. — Pauvre, pauvreté.

Pourpris, 203. — Enclos.

Pourtraict, pourtraicte, pourtraicture, pourtraire, pourtray, 20, 43, 69, 161, 172, 178, 180, 207, 223, 239. — Portrait ; peint, peinte, peindre, faire un portrait.

Pouvreté. — Voir Poure.

Povoir, 140. — Pouvoir.

Poys, 196. — Poids.

Praint, 191. — Empreint, pénétré.

Praxitèles, p. 104.

Preigne, 213, 257. — Prenne.

Présent, 238. — Présentement.

Preu, 21. — Sagesse.

Print, 298. — Pris.

Privaulté, 2. — Privauté.

Profitante, 199. — De profit.

Proterve, 298. — Effronterie, impudence.

Prou, 103. — Bien, beaucoup.

Provez, 234. — Convaincus.

Psallette, 259. — École d'enfants de chœur pour apprendre le chant. (Ce mot vieilli est encore usité à Angers.)

Psires, Psyché, p. 109, 146.

Pueriles, 84. — Enfantines.

Punaise, punez, 164, 181. — Puant, puante.

Pusse, 45. — Puce.

Puy (le), p. 183.

Pygmalion, p. 104.

Q

Quand et quand, 11, 76, 83. — En même temps.

Quant... tant.., 6. — Forme latine *tam quam*.

Quasi, 200, 246. — Presque.

Quenolles, 109. — Quenouilles.

Querir, querre, querans, quis, quise, je quers, tu quers, prologue, 5, 20, 83, 88, 96, 97, 218, 246, 298. — Chercher, cherchant, je cherche, tu cherches, cherché, cherchée. (En Anjou on emploie encore l'infinitif qu'on prononce comme « cri », *allez l'cri* ! pour : allez le quérir, le chercher).

Quidem, 101. — Quidam.

R

Rabelais, p. 22, 54, 73.

Raige, 20. — Rage.

Ramage, 298. — Sauvage, champêtre.

Ramentevoir (à), 17. — A rappeler à la mémoire.

Raminagrobis, p. 134.

Rastelée, 298. — Amas.

Rauras, ravoir, 8, 274. — Tu recouvreras, recouvrer.

Ray, 191, 274. — Rayon, voie.

Reboire, 257. — Boire à nouveau.

Rebourse, 180, 224. — Mal gracieux, rebrousse (v.).

Recerche, 68. — Recherche. (Voir Cerche.)

Recole, 13. — Signale.

Reconfort, 138, 139, 178, 278.

Record, records, recordant, recorde, 96, 138, 221, 257. — Souvenir, idée ; se rappelant, se souvient.

Récréance, 298. — Récréation.

Recueil, 262. — Ressource.

Redonde, 82, 191, 204, 236, 288. — Retentit, rejaillit, découle.

Refaict, 71. — Rétabli, ressuscité.

Reflorée, reflorir, 21, 298. — De nouveau fleurie, florissante.

Regardeure, 239. — Le regard.

Régnier (Mathurin), p. 54.

Reluist, reluyra, reluyre, reluysant, 23, 40, 76, 160, 259, 297, 298. — Brille, brillera, briller, brillant.

Remains, remanant, 9, 178. — Reste (v.) ; qui reste, relique (subst.).

Remire, 24. — Regarde, examine avec soin.

René d'Anjou, p. 2. 10.
Rengé, 294. — Placé.
Renier (Françoise), p. 88.
Rennes, p. 167.
Renouveau, 19. — Nouvel an ; printemps.
Repentable, 34. — Dont on se repent.
Répentance, 199. — Remords.
Répercussives, 157. — Répétées.
Répétées, 145. — Rappelées, reprises.
Reprouche, 166. — Reproche.
Repuitent, 180. — Estiment, font la réputation de.
Résidu (au), 200. — En somme.
Résonance, 30. — Echo.
Resplendeur, 117, 179. — Splendeur.
Respons, 264. — Réponse, oracle.
Retraire, 129, 199, 223. — Retirer.
Retz, rehtz, 38, 91. — Rets.
Revisiter, 67. — Aller voir de nouveau.
Rhétorique, rhétoriciens, 196, 221. — Poésie, poètes.
Rhodes, p. 40, 55, 174, 175, 176, 225, 243, 278, 279.
Richeome, p. 48, 64, 247, 260.
Riches, p. 187.
Rière, 79. — Devant.
Rigoreuse, 6, 137, 145, 166. — Rigoureuse, pleine de rigueur.
Rigueurs, 109. — Parties sexuelles.
Ris, 13. — Rire.
Rithmoyans, rythmoie, rythmer, rymoie, 46, 82, 90, 184. — Mis en vers, je rime, rimer, je fais des vers.
Rivaulx (de), p. 38. — (*A corriger*, lire des Ruyaulx.)
Roba, 7. — Déroba (v.).
Robin du Fault (Paschal), p. 2.
Rochefort (de), p. 43, 111.
Rois (fête des), p. 234.
Rome, p.   .
Rompement, rompture, 109, 184. — Action de rompre, rupture.
Rondelle, 111, 222. — Forme de bouclier.
Ronsard, p. 70, 129.
Rué jus, 246. — Jeté à terre, gisant.
Ruelle (se), 111. — Se remue.
Ruettes (des), p. 12.

Ruissel, 71. — Ruisseau.
Ruminant son style, prologue. — Savourant, lisant et relisant.
Ruse, 46. — T'échappe (v.).
Ruyaulx (des), p. 38, 175.
Rymoie. — (Voir Rithmoyans.)

S

Sagon (François), 6, 9, 28, 29, 30, 31, 32, 33, 34, 41.
Saiette, 44. — Flèche.
Saige, 156, 245. — Sage.
Saillant, 226. — Sautant, saut.
Saint-Amour, p. 271.
Saint-Audin d'Angers (abbaye), p. 45, 115, 226, 227, 247, 253.
Sainte-Beuve, p. 7, 55.
Sainte-Jame, p. 44.
Sainte-Marthe (Ch. de), p. 2, 6.
Saint-Gelais. (Voir Mellin.)
Saint-Germain, p. 11.
Saint-Marc, en Soissonnais (abbaye), p. 268.
Saint-Marc-Girardin, p. 61, 68.
Saint-Martin, à Angers (fête de), p. 46, 191.
Saint-Melaine, p. 43.
Saint-Nicolas d'Angers (abbaye), p. 180.
Saint-Serge d'Angers (abbaye), p. 47.
Salemastre, 298. — Saumâtre.
Salet, 248, 257. — Sel.
Samblançay (de), p. 52, 247.
Sanables, 84. — Guérissables.
Sand (Georges), p. 72.
Sangler, 11. — Sanglier.
Saphirs, saphirés, 186, 257. — Vin ; visage d'ivrogne, bleu comme un saphir.
Sapho, p. 129.
Sarrogoce, Saragosse, p. 21, 38 175, 284, 298.
Saulsoye, 159. — Lieu frais, planté de saules.
Sault, 210. — Saut.
Saumur, p. 11.

Savoye (Louise de), p. 253. — (la), p. 264.
Scelereux, 237. — Criminel.
Scilla, Scyla, p. 143, 150.
Scopas, p. 104.
Scrupuler, 83. — Fouiller, imaginer.
Seclus, 269. — Delivré. (Opposé à « reclus », enfermé.)
Second (Jean), p. 261.
Seigneurir, seigneurie, 218, 298. — Commander, faire le seigneur ; il commande.
Seille, 186. — Seau. (Se dit encore en Anjou.)
Seings, 85. — Soins.
Séjourné, 5. — Donné séjour, gardé.
Semblance, 171, 192. — Ressemblance ; feintes.
Sens, 263. — Cens.
Senture, 109. — Bordure.
Sepet (Marius), p. 269.
Sequeurre, 198. — Secoure, suit.
Sérene l'air, 40. — Rend l'air serein, pur.
Serre, 243. — Prend à la gorge, étrangle.
Serve, 16. — Féminin de serf, esclave.
Seuffre, 278. — Souffre.
Seulet, 194. — Seul, isolé.
Seur, seure, 96, 142, 219, 215, 220, 250. — Sœur (subst.) sûr.
Seurement, 148. — Sûrement.
Si, 40, 144, 201, 221, 240. — Ainsi ; je, il, elle ; sans.
Si très, 44, 145, 164, 166, 199, 254. — Superlatif du superlatif très.
Sicile, Cecille, p. 21, 22, 23, 25, 281.
Silenus, Silène, p. 242, 257.
Simplesse, 298. — Simplicité.
Simplette, 298. — Toute simple.
Sis, sise, 38, 215. — Placé, placée.
Soissonnois, p. 268.
Solace (se), solacer, 205, 298. — S'habitue ; consoler ; être agréable.
Sommes, p. 162. — Traités de science comme la Somme de saint Thomas d'Aquin.
Sommière, 28, 79. — Suprême.
Son, 258. — Bruit, renommée.

Sonne mot (ne), 284. — Ne dit mot.
Sophie, 246. — Sagesse, science.
Sophistement, 229. — Par un faux raisonnement.
Soubzhaicter, soubzhette, 135, 139. — Souhaiter, souhaite.
Soulas, 152. — Feinte.
Souldars, 298. — Soudards.
Soullée, 145. — Plus que rassasiée.
Souloit, 298. — Avait coutume.
Souppe on doit avoir (de tel pain), 77. — Cette locution donne peut-être l'étymologie d'une expression usitée dans l'argot militaire, « j'ai soupé de... », pour dire « j'en ai assez, j'en suis rassasié [1] ».
Sourdra, 211. — Sortira.
Souspirer, 87. — Soupir (subst.).
Souvenance, 231. — Souvenir, réminiscence.
Spéciaulté, spécial, 40, 69, 211, 298. — Distinction, distingué. Voir Espécial.
Spécule, 89. — Regarde (v.).
Spirer, 87. — Expirer, émettre la respiration.
Splendir, splendist, 76, 160. — Resplendir.
Strepit, 298. — Vacarme, bruit.
Sus, 43, 51, 79, 124, 196, 204, 214, 217, 218, 220, 222, 226, 229, 233 bis, 236, 237, 239, 243, 244, 257. — Sûr.
Suspecon, 64. — Suspicion.
Syracuse, p. 3, 284.

T

Tant, tante, 20, 35, 37, 40, 43, 78, 89, 247, 257. — Si ; si grande.
Tardif (René), p. 2.
Targe, 111, 222. — Forme de bouclier.
Targuete, 298. — Targette, verrou.
Taye (entre l'écorce et), 199. — Entre le bois et l'écorce.

---

[1] Voir Rigaud, *Dictionnaire d'argot moderne*, 1881, p. 352, et Delvau, *Dictionnaire de la langue verte*, nouvelle édition, p. 552.

Terriens, 251, 284. — Habitants de la terre.
Terrins, 85. — Terres de cimetière.
Tesmoings (G.), p. 5.
Thalie, p. 18, 91.
Théocrite, p. 129, 261.
Théorique, 221. — Théorie.
Thorode, p. 10.
Thors (de), p. 260.
Tinténiac (Jean de), p. 45, 65, 115, 246.
— (Hélie de), p. 4, 45, 115, 253.
Tinteville (Louis de), p. 55, 56, 64, 114, 172, 226, 234.
Tonace, 273. — Gros tonneau.
Tondu (prestre), 291. — Tonsuré.
Tortils, 74. — Guirlande.
Tour-Landry (de la), p. 47, 258.
Tours, p. 133.
Toussir, 142. — Tousser.
Toutevoye, 278. — Toutefois.
Trac (tout à), 113. — Tout à coup.
Transcende, 79. — Outrepasse.
Transir, transis, transy, 1, 22, 142, 230. — Avoir le frisson, trembler de peur et d'émotion.
Transmuast, transmuer, 41, 151. — Changeât, métamorphoser.
Traveille, 186. — Travaille.
Traverse (à la), 162. — De travers.
Traverseur (Le). Voir Jean Bouchet.
Trectz, 38. — Traits.
Tredehan (P. de), p. 2.
Tressault, 46, 210. — Tressaille.
Tripoli, p. 279.
Trister (s'en), 139. — S'attrister.
Tritoy (Antoine), p. 189.
Tronchay (du), p. 43, 248.
Trop mieulx, trop plus, trop moins, 161, 235, 253. — Beaucoup mieux, beaucoup plus, beaucoup moins.
Troyes, p. 107.
Tuffe, 179. — Tuf.
Turcqs, p. 133, 243, 278, 280, 281.

U

Umbre, 191. — Ombre.
Undes, undoyant, 71. — Ondes, ondoyant, circulant en ondes.
Usance, 231. — Usage.

V

Value, 37, 67, 179. — Valeur, mérite personnel.
Vau (à), 278. — En descendant, aval.
Vauberger, p. 48, 248.
Vaudoré, p. 47, 250.
Veid, veit, veisse, 13, 30, 35, 41, 44, 189, 247, 255, 298. — Vit, voit, visse (v.).
Veigle, 40, 101, 147. — Veille.
Vela, 32, 54, 62, 96, 108, 116, 130, 141, 209, 257, 260, 298. — Voilà.
Vendengeable, 199. — Pouvant être vendangé.
Ventriers (gros), 257. — Portant gros ventres.
Vénus, p. 15, 16, 37, 69, 71, 77, 85, 86, 87, 102, 105, 112, 118, 127, 129, 144, 145, 166, 199, 200.
Verde, 186. — Verte.
Verdurée, 71. — Verdoyante.
Vergongne, 173. — Vergogne.
Verris, 148. — Moisis, pourris par l'humidité. (Encore usité en Anjou.)
Vertot (de), p. 55.
Vespertin, 186. — Soir.
Vestu, vesture, 157, 287. — Vêtu ; habillement.
Veze, 172. — Sorte d'instrument de musique.
Vieilleville (de), p. 43, 149.
Viele, 40, 46. — Vieille.
Viengne, 139, 141. — Vienne (v.).
Vif, au vif, 40, 267. — Vivant ; sur le vif.

Villemain, p. 7.
Villettes (de), p. 44.
Villiers (de). Voir Isle-Adam.
Villon (François), p. 5, 55, 56, 59, 60, 61, 62, 65, 66, 72.
Vinée, 81. — Récolte de vin.
Vinicide, 248. — « Meurtrier » de vin (métaphore).
Vire, se vire, 129, 247. — Un rouet ; se tourne.
Virgile, p. 5, 15, 77, 264, 272, 284.
Vis, 40, 213. — Visage.
Vitu (Auguste), p. 59.
Vitupere, 220. — Honte, blâme.
Voire may, 189. — En vérité ; mais cependant.
Voirriere, 27. — Verrière.
Voltaire, p. 56.
Voulenté, vouloir, voulentiers, 21, 80, 167, 196, 257. — Volonté. volontiers.
Voys (je m'en), 138. — Je m'en vais.
Vuide, vuyde, 248, 262. — Vide.

W

Weckerlin (J.-B.), p. 54.
Weiss, p. 3.

X

Xerces, p. 275.

Y

Ycy, 54, 67, 240, 241, 247, 255, 256, 259, 265, 269, 282, 285, 290, 296. — Ici ou ci. (En Anjou on dit encore communément « ces jours ici » pour « ces jours-ci ».) Colin dit, ailleurs, « ci » pour ici.

Ymagée, ymager, 20, 40. — Reproduite en image.
Yo, yo, 257. — (Onomatopée, plainte d'un homme altéré.)
Ypocras, 79. — Hypocras. (Voir la note p. 125.)
Yra, 257. — Ira (v.).
Yre, 289. — La colère.
Yssant, yssir, yssit, yst, 28, 142, 191, 199, 224. — Sortant, provenant, sortir, sortit, sort (v.).
Yver, 156, 158. — Hiver.

Z

Zéphirée, zéphyr, 71, 131. — Comme un zéphir ; zéphir.

TABLE DES MATIÈRES

		Pages.
PROLOGUE		1
I.	A la plus belle de mes yeulx, Gylon	78
II.	A Gylon	79
III.	A quelqu'une	79
IV.	Pour quelqu'une. A ung quidam	80
V.	A Gylon difficile a entamer	80
VI.	A Gylon	82
VII.	L'Acteur de luy	82
VIII.	Gylon, larronesse d'amour	82
IX.	A Gylon	83
X.	A Cupido	84
XI.	Des cruaultez [de] Gylon	84
XII.	A Gylon	85
XIII.	La comparaison [de] Gylon	86
XIV:	Dicton	86
XV.	A la durete [de] Gylon	86
XVI.	Dialogue plus pour que contre Gylon	87
XVII	De deux damoyselles de ma dame d'Avaugour, nommees Avoir et Do	88
XVIII.	Aultre	89
XIX.	Sur troys oraisons de Cicero translatees en françoys. A l'esleu d'Angiers Le Devin	89
XX.	De Gylon	90
XXI.	Propos de l'Acteur et Gylon	91
XXII.	De Gylon	92
XXIII.	De la clarte de ceste Gylon	92
XXIV.	De Gylon. Louenge a ung painctre	92
XXV.	Contre Drusac et son livre	93
XXVI.	A Gylon	94
XXVII.	A l'honneur de Gylon	94
XXVIII.	De Gylon. Petit myracle	95
XXIX.	A Cupido	96

		Pages.
XXX.	De Cupido, Jupiter et Gylon........................	96
XXXI.	A Gylon. Exhortation............................	97
XXXII.	A Gylon. Reproche..............................	97
XXXIII.	A Gylon. Remonstrance	98
XXXIV.	A Monsieur du Jau, Maistre Baudoyn du Fay....	98
XXXV.	De Gylon et de moy............................	99
XXXVI.	De Gylon......................................	99
XXXVII.	Plaincte contre Gylon	100
XXXVIII.	Jutes interrogations. A Cupido..................	100
XXXIX.	Douleur d'Amour despite les midicins	102
XL.	Comparaison de Gylon..........................	102
XLI.	De Gylon......................................	103
XLII.	Au lecteur	104
XLIII.	Trop de Gylon et peu pour la vaincre...........	104
XLIV.	Le baiser de Gylon vaindicatif..................	105
XLV.	Gracieuse metamorphose d'Amour et des pusses.	106
XLVI.	Consultation sur les rigueurs de Gylon..........	106
XLVII.	De la ingratitude de Gylon	107
XLVIII.	A quelqu'une..................................	108
XLIX.	Transmutation d'amour	108
L.	Tout est subject au Ciel........................	109
LI.	Advertissement a Gylon	109
LII.	A Monsieur de Juigne, chanoine d'Angiers qui me donna une pipe de vin.....................	109
LIII.	Definition de « grace ».........................	110
LIV.	Subtille demonstration de la durette de Gylon...	110
LV.	A quelqu'une..................................	111
LVI.	A Monsieur de Rochefort, l'advocat.............	111
LVII.	Grace sans grace...............................	112
LVIII.	Malheur d'aymer, bonheur de jouyr.............	112
LIX.	Excuse a Gylon	113
LX.	Despouille d'Amour, pour Gylon................	113
LXI.	Estraines nulles sans amour. A Gylon...........	114
LXII.	Estraines au commandeur Loys de Tinteville....	114
LXIII.	A Gylon.......................................	115
LXIV.	A Monsieur [l'abbe] de Sainct Aulbin............	115
LXV.	Admonition a Gylon	116
LXVI.	Presens a Gylon................................	116
LXVII.	A Gylon ung peu desgoutee	117
LXVIII.	A la gloire de Gylon...........................	117
LXIX.	A Gylon se mirant.............................	118
LXX.	A l'honneur de Gylon	118
LXXI.	De la froidure de Gylon........................	119
LXXII.	A Cupido......................................	120

		Pages.
LXXIII.	Des myracles de Gylon	120
LXXIV.	De Gylon	121
LXXV.	En contemplant Gylon	122
LXXVI.	Les similitudes d'Amour et de Gylon	122
LXXVII.	A mes petites seurs les Bourgeoises	123
LXXVIII.	A maistre Christoffe de Pince	124
LXXIX.	A quelqu'une	124
LXXX.	A Gylon	126
LXXXI.	A mon cousin, il est certain, et mon amy, si n'escry vain	126
LXXXII.	Oraison a Venus	127
LXXXIII.	Signes pour congnoistre ung amoureux	127
LXXXIV.	De la piqueure de Cupido et des Avettes	129
LXXXV.	De Gylon et sa belle sœur	129
LXXXVI.	Pour jouyr on promect l'impossible	130
LXXXVII.	Nul vent si froid que Gylon	130
LXXXVIII.	Myeulx mourir que donner ce qu'on a de sa dame.	132
LXXXIX.	Gylon refusant les dieux d'amour	132
XC.	Nul soing ny cure en ce monde que servir Gylon.	133
XCI.	En heur suyvy, en malheur asservy	134
XCII.	A ung bon et maulvais escripvain	135
XCIII.	Au pere de Gylon	135
XCIV.	Amour et Saigesse different	136
XCV.	A maistre Anthoine Le Devin, seigneur du Tronchay	136
XCVI.	Responce a luy-mesme	137
XCVII.	A ce Devin pour deviner encores	138
XCVIII.	En ung amoureux desir, la peine se prend a plaisir	139
XCXIX.	A la paresse de l'escripvain	140
C.	A quelqu'une	140
CI.	A ung quidem, nouveau secretaire	140
CII.	A Gylon	141
CIII.	A ung amy desguise	141
CIV.	A Cupido	142
CV.	Pasiphe a Cupido	143
CVI.	Dicton	143
CVII.	A quelque personnaige en credit	144
CVIII.	Lay a Venus	144
CIX.	A Gylon	146
CX.	A maistre Anthoine Le Devin, esleu d'Angiers	147
CXI.	A Françoyse Bourgeois	147
CXII.	A ceste Bourgeoise	148
CXIII.	De Gylon	148
CXIV.	A Gylon	149
CXV.	Au seigneur de Vieilleville	149

		Pages.
CXVI.	A l'esleu Le Devin. De la petite Bourgeoise......	150
CXVII.	De Gylon...............................	151
CXVIII.	A Gylon................................	151
CXIX.	Treves d'Amours ue vallent rien............	152
CXX.	Pour aultruy. A une Dame plus fermee de rains que de cueur...........................	152
CXXI.	Faict par aultruy.............................	153
CXXII.	A la petite Bourgeoise......................	153
CXXIII.	L'acteur a par soy..........................	154
CXXIV.	A l'esleu Devin.............................	154
CXXV.	A son compaignon........................	155
CXXVI.	A son amy...............................	156
CXXVII.	De Gylon et Cupido.......................	156
CXXVIII.	D'eulx deux encores.......................	157
CXXIX.	A la nourrice.............................	157
CXXX.	Les œufs de Pasques. A deux seurs............	158
CXXXI.	A Françoyse Bourgeois......................	158
CXXXII.	A Gylon................................	159
CXXXIII.	A son compaignon.........................	159
CXXXIV.	A son compaignon	160
CXXXV.	Pour aultruy. Adieu a sa Dame...............	160
CXXXVI.	Responce plaintive...........................	161
CXXXVII.	Chanson de l'acteur.......................	162
CXXXVIII.	Reconfort sus son partement. A sa dame........	163
CXXXIX.	Responce au precedent.....................	164
CXL.	A Gylon................................	166
CXLI.	Dizain sus le mot de l'acteur.................	166
CXLII.	A mes petites seurs........................	167
CXLIII.	A quatre chanoines d'Angiers.................	167
CXLV.	Despitz contre Gylon.......................	168
CXLVI.	L'acteur aux poetes endormis.................	170
CXLVII.	A ung sien parent.........................	170
CXLVIII.	Douleur du piteux temps d'aujourduy	171
CXLIX.	A mon amy Philippes........................	172
CL.	A quelqu'une.............................	172
CLI.	Au commendeur Loys de Tinteville.............	172
CLII.	Dicton sur une excellente paincture. — Au regardans	173
CLIII.	L'acteur aux lecteurs.......................	173
CLIV.	Dicton.................................	174
CLV.	De Gylon................................	174
CLVI.	Au seneschal de la maison de Rhodes, lors baillif de Manoasque	174
CLVII.	Au commendeur de Ruyaulx.................	175
CLVIII.	Au nepveu du grand maistre de Rhodes, Aurigny	175

		Pages.
CLIX.	Dizain baille au vice chancelier de Rhodes......	176
CLX.	Au grand maistre de Rhodes	176
CLXI.	Pouvrete souffre tout....................	177
CLXII.	Des jugemens inegaulx..................	177
CLXIII.	A ung quidam vicieulx de cueur et de corps.....	178
CLXIV.	A luy-mesmes.........................	178
CLXV.	Encores a ce flagitieux	179
CLXVI.	De Françoyse Maucourtoyse...............	179
CLXVII.	Souhetz de l'abbe de Bourgueil [Philippe Hurault].	180
CLXVIII.	D'un eunuque fin valet...................	180
CLXIX.	Blasons de fol Polithe	181
CLXX.	Aultre	181
CLXXI.	Aultre	181
CLXXII.	Aultre	182
CLXXIII.	A Philippes...........................	182
CLXXIV.	Aux rhétoriciens modernes	183
CLXXV.	A ung trompette des dizains de Marot et Jamet..	183
CLXXVI.	A l'esleu Devyn, estant sa femme en couches ...	184
CLXXVII.	A Phelippes le paresseux	184
CLXXVIII.	Oraison [au saint Suaire] a la requeste du commandeur de Tinteville, faicte a Chambery.....	185
CLXXIX.	Les beaulx noms ne font pas les gens de bien...	186
CLXXX.	Contre les sotz riches....................	186
CLXXXI.	A ung quidam..........................	188
CLXXXII.	A Monsieur de Mandon, chanoine d'Angiers.....	189
CLXXXIII.	Amours hait les enuques	190
CLXXXIV.	Au juge de la Prevoste, Le Bret.............	190
CLXXXV.	Doloreux est le regard de Gylon...........	191
CLXXXVI.	Celebration de la Vigile Saint Martin	191
CLXXXVII.	A Monsieur de Granville et du Jau...........	192
CLXXXVIII.	A Philippe Bourgoygnon	193
CLXXXIX.	De Gylon	194
CXC.	A Gylon	195
CXCI.	A l'esleu Le Devin. De Françoyse...........	195
CXCII.	A ung Taron...........................	197
CXCIII.	A l'esleu Le Devyn......................	197
CXCIV.	A ung saige et discret adolescent	198
CXCV.	Response a ung syen amy qui avoit perdu sa fille	198
CXCVI.	Response a ung quidam qui mectoit l'acteur au nombre de plusieurs grands rhetoriciens......	199
CXCVII.	De Françoyse Maucourtoyse	199
CXCVIII.	A Gylon...............................	200
CXCIX.	A Monsieur le baron de Pince, la Jaille.........	200

CY APRES SONT AULCUNS RONDEAULX

Pages.

CC.	A Hardoyn Brehier, mon compaignon de tout...	203
CCI.	A Gylon....................................	204
CCII.	A Gylon....................................	204
CCIII.	A son compaignon...........................	205
CCIV.	A Gylon....................................	206
CCV.	A son compaignon...........................	207
CCVI.	A quelqu'une...............................	207
CCVII.	A Gylon....................................	208
CCVIII.	A Gylon....................................	209
CCIX.	A une faulse m.............................	209
CCX.	A ung guidam...............................	210
CCXI.	Pour aultruy. A une amoureuse de plaine salle..	211
CCXII.	A je ne sçais qui..........................	211
CCXIII.	Regret d'une bonne angevine................	212
CCXIV.	A une belle rebelle........................	213
CCXV.	Responce dure..............................	214
CCXVI.	De mesme paste.............................	214
CCXVII.	Responce de nomplus y retourner............	215
CCXVIII.	A ung argentier de court.................	216
CCXIX.	Pour aultruy...............................	217
CCXX.	Responce d'ung mesme levain................	217
CCXXI.	A ce grand Marot, despit sans garrot.......	218
CCXXII.	Pour ung gentilhomme. A je ne sçay plus qui...	219
CCXXIII.	Responce de mesme farine.................	220
CCXXIV.	A Jehanne Gaillarde, Lyonnoise............	220
CCXXV.	A une rusee................................	221
CCXXVI.	A mes compaignons.........................	222
CCXXVII.	D'ung qui apres sa belle de drap prist une layde femme de velours..........................	223
CCXXVIII.	A quelqu'une............................	223
CCXXIX.	A la nourrice.............................	224
CCXXX.	Faict sus la grosse nau de Rhodes..........	225
CCXXXI.	Au seigneur commendeur de Tinteville......	226
CCXXXII.	Au sieur abbe de Saint Aulbin............	226
CCXXXIII.	Au reverend mesmes.....................	227
CCXXXIII bis.	A ung tas de Rhetoriciennes...........	227
CCXXXIV.	A ung ingrat.............................	228
CCXXXV.	Impaciente jalousie.......................	229
CCXXXVI.	A ung nouveau abbe.......................	230
CCXXXVII.	A ung chiffreur d'aultruy besongne......	230

		Pages.
CCXXXVIII	A ung quidam...............................	231
CCXXXIX.	A Gylon	232
CCXL.	A mes larmes et flammeaulx.................	233

EPITAPHES

CCXLI.	D'ung saige et jeune chevallier [Castel]........	233
CCXLII.	Du commendeur Tinteville....................	234
CCXLIII.	Du roy de la febve qui mourut avant son couronnement...................................	234
CCXLIV.	De l'abbe de Beaulieu	235
CCXLV.	Du foul Polithe	235
CCXLVI.	De feu messire [Jean] Champion, medicin excellent	236
CCXLVII.	D'une noble et vertueuse dame.........	237
CCXLVIII.	D'ung yvrougne............................	237
CCXLIX.	D'ung pouvre temeraire aventurier.............	238
CCL.	D'ung gentil escuyer que sa dame empoisonna..	238
CCLI.	De feu notable personnaige maistre Barthelemy du Fay..................................	239
CCLII.	Du pere de l'acteur, Rene Colin...............	240
CCLIII.	D'un adolescent trop plus sçavant que son ange, nepveu de l'acteur........................	240
CCLIV.	De l'aucteur................................	241
CCLV.	De Gylon	241
CCLVI.	D'une belle damoyselle d'Anjou............: ...	242
CCLVII.	Plaincte d'un verre de cristallin purifie	242
CCLVIII.	Du feu bonhomme procureur Lemaczon........	244
CCLIX.	D'un maistre de psallette d'Angiers [Jean Foliot].	245
CCLX.	D'un banquer italien d'Angers [Perceval de Bardi].	245
CCLXI.	D'ung lieutenant de Chinon [Jean Boutin]......	246
CCLXII.	D'un grand aulmosnier [Jean de Tinteniac]......	246
CCLXIII.	D'ung prudent advocat [Jacques Richomme]	247
CCLXIV.	[Jacques de Beaulne] de Samblançay...........	247
CCLXV.	Du feu prothonotaire Nicolas de Chasteaubriand.	248
CCLXVI.	D'un papegault de ma damoyselle du Tronchay..	248
CCLXVII.	Du feu seigneur de Vauberger .... ;...	248
CCLXVIII.	D'un riche mort sans regret [le chanoine Le Gay].	249
CCLXIX.	Du capitaine Bayard........................	249
CCLXX.	Du sieur de Vaudore [Jean du Pin] et de sa fille unicque...................................	250
CCLXXI.	De feu damoyselle Guillemine Godefer	250
CCLXXII.	D'un meschant religieux.....................	251
CCLXXIII.	De celluy qui retint mes gaiges a Malte (frere Jean Boniface.]..................................	251

		Pages.
CCLXXIV.	De feu noble Jacques de Bernay, chanoine d'Angiers.......................................	251
CCLXXV.	Du feu esleu d'Estiau [Jean Bernard]...........	252
CCLXXVI.	Du prothonotaire de Piedouault	252
CCLXXVII.	Regret de feu Helye [de Tinteniac,] abbe de Saint Aulbin	253
CCLXXVIII.	De ma Dame mere du Roy, faict ainsy que plusieurs aultres....................................	253
CCLXXIX.	D'un excellent joueur de violes, et bon poete, serviteur de l'evesque d'Angiers, Jean Olivier [Guillaume Cadiot]...	254
CCLXXX.	D'un homme de mauvaise vie....................	255
CCLXXXI.	D'un homme inutil......	255
CCLXXXII.	D'un advocat d'Angiers gras oultre bort	255
CCLXXXIII.	Du petit barbet de Gylon, mort en son gyron....	256
CCLXXXIV.	De la seur de l'acteur..........................	256
CCLXXXV.	Du lieutenant Loriot	257
CCLXXXVI.	D'ung noble marchant [Jean du Gault.].........	258
CCLXXXVII.	Du prothonotaire de la Tour Landry............	258
CCLXXXVIII.	Du docteur [Michel] Passim, regent a Angiers....	259
CCLXXXIX.	[D'un chanoine de Saint Pierre d'Angers].......	259
CCXC.	[De Guyon de Benoy, sieur de Thors, et de sa femme Yvonette Richeomme]	260

APPENDICE

CCXCI.	D'un qui vouloit estre prestre...................	262
CCXCII.	Epitaphe de feu Clement Marot, dit le Maro de France..	264
CCXCIII.	De Guillaume.................................	264
CCXCIV.	Epitaphe de feu Monsieur [Guillaume du Bellay] de Langey, pris du latin.......................	265
CCXCV.	Autre pris du latin	265
CCXCVI.	De la langue de feu Monsieur de Langey, pris de Homedeus	266
CCXCVII.	Epitaphe de Messire Jean Olivier, evesque d'Angiers	267
CCXCVIII.	Epistres a Jean Bouchet.......................	270
	Première epistre (LXIIII)	270
	Deuxième epistre (LXVI)....................	276
GLOSSAIRE ET TABLE ALPHABÉTIQUE.........................		285
TABLE DES MATIÈRES......................................		325

Angers, imprimerie Lachèse et Dolbeau, rue Chaussée-Saint-Pierre, 4.

www.ingramcontent.com/pod-product-compliance
Lightning Source LLC
Chambersburg PA
CBHW060638170426
43199CB00012B/1597